「死」が
怖くなくなる
50の
神思考

東京大学名誉教授
矢作直樹

はじめに

令和元年5月、『あらゆるストレスが消えていく50の神習慣』（ワニブックス）を上梓《じょうし》させていただきました。この本には新しい試みが二つありました。

一つは若い人にも読みやすい本にすることです。表紙は猫が眼鏡をかけている写真を使い、手に取りやすいように工夫してみました。そして、もくじをなくして、50項目のどこからでも読んでいけるようにしました。その日の気分によって好きな項目を読んだり、たまたま開いたページをその日のテーマとして読んだりできます。

もう一つは考えることより「習慣」に着目したことです。皆さんはストレスをなくすために、どうしたらいいのかあれこれと難しく考えてしまいます。ですので、考える前に行動をすることによって、心を少しずつ変えていきましょうというご提案でした。

おかげさまで、多くの反響をいただきましたが、同時にさまざまなご質問もいただいたのです。仕事のこと、学校のこと、病気のこと、災害のこと……。

そして、一番多かったのが、死についてです。


「どうしたら、死を恐れないで生きていけるか……」


これは古代からの人類のテーマかもしれません。

私がこれまでさまざまな本や講演会でお話ししてきた一つの大きなテーマです。しかし、一人ひとりの方が納得する形で、腑《ふ》に落ちることは本当に難しいことだと実感しています。

ですから、今回は前作の『50の神習慣』を読んで、出版社にお寄せいただいた質問を中心にお答えする形をとってみました。Q&A方式の本はもちろん初めての試みです。

皆さんもそれぞれ個人的な疑問やお悩みはあると思いますが、他人の質問を自分に関係のないことだとするのはもったいないことです。他人の悩みの解決方法が自分の悩みの解消につながるかもしれないからです。

世代も年齢も職業もバラバラの人がどのような悩みを抱えているのでしょうか？　その悩みに皆さんだったらどうお答えになるでしょうか？　それと、私の回答は同じでしょうか、違うでしょうか？

もちろん、回答は一つではありません。どの表現やアプローチがいいのかはまさに人それぞれだからです。ですから、皆さんが出した回答が悩んでいる人の救いになることもあるはずです。

お互いカウンセラーになったつもりで、答え合わせをしていく感覚で読むこともできます。是非、いろいろな切り口でお楽しみいただけたらと思います。

私はどの質問に対してもベースとなる考えがあります。

① 肉体は滅んでも魂《たましい》は生き続ける

② 過去を後悔せず、未来を心配せず、「中今《なかいま》」を生きる

③ 全てのことに感謝の気持ちを持つ

ですから、根本的な答えはいつも一つになるかもしれません。しかし、質問に対して、できるだけ個別のアプローチをしてまいります。少しでも、皆さまの生き方のヒントになりましたら幸いです。

令和も二年目を迎え、今年はオリンピックもあります。新しい時代がいよいよ本格的に始動します。

古来、日本は大調和《だいちょうわ》の国です。国民が助け合い、それぞれの役割を全《まっと》うし、愛と調和を体現していけたら、素晴らしいことです。

歴史を考えても日本は世界のひな型です。私たちが心穏やかに過ごすことで、世界に範《はん》を示していくことができるのです。

世の中を良くしようと思ったとしても、大きなことをする必要はありません。一人ひとりが死を恐れず、今を生きればいいのです。そのあなたのエネルギーが周《まわ》りの人に伝わって、調和の取れた世の中を創っていくことでしょう。

1

Disaster

神思考

日本は災害が多い国ですが、最近は温暖化のこともあり、地球自体がおかしくなっているのでしょうか？

地球はダイナミックに生きています。日本だけではなく、世界中で変化が起きていますが、良くなるための変化です。

地球は何万年という単位で、温暖化と寒冷化を繰り返しています。今はCO_2が増えたので、地球が温暖化しているといわれていますが、実は寒冷化しているという説もあるのです。たとえば、南極の氷は増えているそうです。

トランプ大統領が温暖化対策に積極的でない理由も、CO_2と温暖化に合理的な関係性がないからです。温暖化対策といって、それをビジネスにしている業界もあるでしょう。私も、原発より火力発電のほうがましだと思っていますし、温暖化対策が必ずしも地球のためになっているとは思えません。

しかし、環境負荷を考えて生活することは大切です。私は自転車を使って移動したり、東京↕広島でしたら、飛行機ではなく新幹線を選んでいます。皆さんもできる範囲でいいので、地球に迷惑が掛からない生活を心がけてみてはいかがでしょうか。また、気温だけでなく、地面も少しずつ動いています。地震や火山活動から、それが感じ取れます。

いずれにしても、地球はダイナミックに生きていますので、周期をもって変化しているのは確かです。私たちはその地球の表面に住まわせていただいているに過ぎません。ですから、

「なぜ、地震が頻発《ひんぱつ》するの!?」

「なぜ、台風が巨大化するの!?」

と人間の目線で語ることは地球にとって失礼です。なんの断りもなく、勝手に住んでいるのは私たちのほうですから……。

ですから、自然に対する敬意や畏《おそ》れ、そして何よりも感謝の気持ちを持つことはとても大切だと思います。たとえ、地震や台風によって、人間が被害に遭ったとしても、地球を責めたり恐れたりするのは違うのではないでしょうか。

地球の変化や浄化活動に、私たちのほうがついていくという謙虚《けんきょ》な気持ちが必要

だと思うのです。地球は良くなるために変化しているのですから。

また、地球の変化は何も今に始まったことではありません。2011年に東日本大震災が起こりましたが、その約1100年前、東北地方でマグニチュード8以上とされる貞観《じょうがん》地震が起こっています。

20歳だった清和《せいわ》天皇は「自らの不徳の致すところ」とお言葉を述べられました。当時も今も、自然災害に対して、天皇陛下は自分のこととして捉《とら》えていらっしゃいます。その強い当事者意識というものを私たちは手本にしていきたいものです。

貞観地震の5年前には富士山が噴火していますし、さまざまなところで大きな地震が起こりました。つまり、約1100年前の平安時代、地球が変動期にあったのだと思います。人間にとって、1000年は長いかもしれませんが、地球にとったら500年、1000年はあっという間です。ですから、何か地球がおかしなことになっていると思う必要はありませんが、地球が今再び、変動期に入ったことは間違いなさそうです。

2019年の夏に『天気の子』というアニメ映画が上映されました。東京は梅雨が長引き7月はほとんど雨でしたが、その映画でも雨が降りやまない東京が舞台でした。偶然の一致にしては、あまりにもタイミングが絶妙でした。ネタバレになってしまい恐縮ですが、その映画の結末は、雨が続き、東京の多くが水没するのです。しかし、登場人物のおばあさんが「昔に戻っただけ」と静かに言います。

確かに、人間の勝手な都合で東京湾をどんどん埋め立ててきました。そして、そこへ建物を建てたり、住んだりしているのです。

「ここに住まわせてくれて、ありがとうございます」と地球に感謝する気持ちを忘れていませんか。また、住むだけでなく、地球からさまざまな恩恵を受けています。食べ物はもちろん、洋服も家も自動車も、この世にある全てのものは地球から取り出して形を変えたものです。全て、地球から生まれています。どんなに感謝しても足りないぐらいです。

ほんの100年前は16億人程度だった世界人口は、いまや76億人です。地球に感謝して、謙虚に仲良く暮らしていきましょう。

地球に住まわせていただいているという謙虚さと感謝を忘れずに

神思考 2 Disaster

今、地震や台風などの災害が増えています。私は災害のことを考えると、とても怖くなります。どうしたら安心できますか？

「備え」をして、「恐れ」を手放してください。自分なりに備えると、覚悟が定まるものです。

地球はダイナミックに生きていると申し上げました。では、そのような地球に住んでいる私たちは、どのような心構えでいたらいいのでしょう。私はいつも「備え」をして、「恐れ」を手放してくださいとアドバイスしています。当たり前のことのようですが、実は多くの皆さんがその反対のことをしています。

つまり、「恐れ」ているだけで、「備え」が疎《おろそ》かになっているのです。何をどう備えるかは、家族構成や状況によってさまざまですが、実は自分なりに備えると、「あとはなんとかなる」と覚悟が定まるものだと思います。

実際に、家族が3日間過ごせるように備えれば、あとは共助《きょうじょ》（ご近所）や公助《こうじょ》（自治体）の手が整ってきます。そのためにも、まずは自助《じじょ》がとても大切なのです。

具体的に何を準備するかについては、消防庁のホームページなどに一般的な案内は載っていますし、面倒な方は色々入った「非常袋」を買うこともできます。赤ちゃんがいればオムツも必要でしょうし、ペットを飼っている人はペットフードも備えがあったほうがいいでしょう。自分なりにアレンジする必要はあると思います。

ちなみに私はいつもカバンの中に登山用のヘッドライトを入れています。電源が落ちても、明かりがあればとりあえず安全なところへ動くことはできます。このように準備することは想像力を使うのです。

まだ、来ない未来を心配する必要はないのですが、「○○になったら、○○する」というシミュレーションは必要だと思います。私は自家用車を持っていませんが、もし持っていたら、運転席にカナヅチなど窓を割る道具を備えておくと思います。

さあ、準備が終わったら、もう心配するのはやめましょう。心に「恐れ」を持っていると、それが実現してしまうかもしれません。もし、日本国民が「地震が来たら怖い」と思っていると、その集合意識が現実を創ってしまいます。

かといって、「何も起こらない」と思うのは謙虚さが足りません。先ほど述べたように、ダイナミックに生きている地球に対して、失礼です。そして、「もし動くならば、穏やかな変化でお願いします」と祈ればよろしいのではないでしょうか。
もう一つの祈り方としては、前向きな未来を想像することです。たとえば「オリンピックが成功してありがとうございます」とか、「令和の時代は素晴らしい調和の時代でありがたいことです」などです。

人間の集合意識というものが現実を創っていくので、祈りは大切です。しかし、不安がベースにあると、せっかく祈ってもマイナスのエネルギーを実現してしまいます。ですから、愛と信頼をベースに祈ったほうがいいでしょう。

結局、自分がどういう意識でいるかが自分の人生を創っていきます。ですから、他人が何を考えているかは関係なく、自分が良き未来を想像します。

「地震が来たら、どうしよう」とか「自分が被災したらどうしよう」などと考えて、不安な気持ちになっている時間があったら、先ほど提案したように、３日間の「備え」をすればいいのです。そして、何ごとが起きても、臨機応変《りんきおうへん》に対応する覚悟だけがあればいいのです。昔の人はそれを「武士道」と言いました。要するに、危機管理です。平常時は、危機管理といっても想像しにくいかもしれません。しかし、今はネットなどでさまざまな情報が入手できますので、まず、自分が住んでいる場所が地震や台風でどうなる可能性があるのかを確認しておいたほうがいいでしょう。不安だからといって、現実から目を背けては、不安は解消されません。

川のそばや崖《がけ》の下などに住んでいる人は、「〇〇になったら、〇〇する」と家族で話し合っておくこともいいでしょう。2017年に『サバイバルファミリー』という映画が上映されました。小日向文世《こひなたふみよ》さんが父親役、深津絵里《ふかつえり》さんが母親役で、あとは大学生の息子と高校生の娘の家族の話です。ある日、日本中のライフラインが止まってしまって、東京にいた家族が自転車で鹿児島の実家に向かうという話です。もちろん、非現実的なところも色々あるのですが、おカネに価値がなくなり、物々交換をしながら、皆が逞《たくま》しくなっていくところが面白かったです。人間には臨機応変に生きる力があることを再確認できました。

「備え」もした。「シミュレーション」もした。そうすると、少しは不安が和《やわ》らぎます。あとは、ケセラセラで、日々を楽しく過ごすだけです。

「備え」と「シミュレーション」で武士道の心構えを

3

Disaster

神思考

私は東日本大震災で、家族や仕事を失いました。
人生は不公平です。日《ひ》にち薬《ぐすり》すら効かない私に
生きていく希望を見出《みいだ》すことはできるのでしょうか？

肉体はこの世になくても、あなたの家族はあの世から あなたの幸せを願っています。どうぞ、あの世にいる ご家族を安心させてあげましょう。

私は35年間、医療従事者として働く中で、多くの人を見送ってきました。残された家族の方々が嘆き悲しむのもたくさん見てきました。それがあまりにも気の毒なので、自分が常々感じていることを本にしたのが『人は死なない』（バジリコ）です。ちょうど、東日本大震災があった年の8月でした。この本で述べているのは「肉体は滅んでも、魂は生き続ける」ということです。以来、さまざまな本を出す機会に恵まれましたが、切り口を変えて、同じことを言っているつもりです。

そうは言っても、他界した人とは、この三次元の世界で、おしゃべりしたり身体

を触ったりすることはできません。ですから、喪失感《そうしつかん》や淋《さび》しさを感じるのは仕方ありません。そこを癒《い》やすのが日にち薬だと思います。しかし、日にち薬が効く人と、効かない人がいます。日にち薬が効かない人は、魂がないと思っているのではないでしょうか。私自身や何人かの友人はあの世の様子を覚えていますし、また、いくつかの過去生《かこしょう》も覚えています。ですから、魂はこの世とあの世を行ったり来たりするものだと実感を持ってお伝えしています。もし、それが信じられない場合は、一つの仮説としてお聞きください。心が穏やかになる仮説と、いつまでも悲しみが癒えない仮説があった場合、是非、前者をお選びいただきたいのです。

魂が続くとしたら、あの世からあなたの家族はあなたを見守っています。私はよく競技場と観客席に例えます。競技場で走ったり跳んだりしているのはこの世で生きている私たちです。そして、亡くなった人は観客席で私たちを応援しています。もしかしたら、ビールやポップコーン片手に楽しそうに歓声を上げているかもしれません。競技場と観客席はマジックミラーで区切られていて、あの世からこの世は見えますが、その反対はありません。このような仮説を受け入れてくだされば、あの世にいる人たちが望むことがわかります。

① この世を楽しんで幸せに生きてください
② こちらは楽しい世界なので、心配いりません
③ ときどき思い出してくれるだけで、嬉しいです

ですから、私たちはあの世で大切な人と再会するまで、この世を満喫したほうがいいでしょう。なかなか思い通りにならないこの世での生活ですが、楽しむしかありません。

寿命の長い短いも実は自分で決めてきたのです。ですから、人は事故や病気で亡くなるのではなく、持って生まれた寿命で亡くなると思います。不謹慎な言い方かもしれませんが、地震や津波で亡くなったのではなく、寿命が来たから亡くなったのではないでしょうか。そして、自分が設定したテーマをやり切った人から、あの世へ帰ります。死は卒業と同じです。ですから、私たちはあの世へ帰るまで、自分で決めた宿題を楽しみながら、解いていくしかありません。

ご質問者さまのように困難な人生を歩まれている方は勇敢《ゆうかん》な魂だと思います。自ら、困難な課題を設定されて、この世に生まれてきました。もちろん、自分がどんな課題を設定したかは誰も覚えていませんが、目の前の現実がそれなのです。

また、障害を持った方も同様です。操縦困難な身体を選んで生まれてきたチャレンジャーなのです。

一人ひとり、寿命も違いますし、挑戦すべき課題も違います。そういった意味で、確かに不公平かもしれませんが、見方を変えれば、役割が違うだけなのです。

自分で決めることとは、寿命や課題だけではなく、国籍や親も選んでいるといわれています。池川明《いけがわあきら》先生の『ママのおなかをえらんできたよ。』（リヨン社）という本には、胎内記憶やそれ以前の記憶がある子供の話が書かれています。現に、私は自分の両親を選んだ記憶があるのです。おそらく、胎内の記憶というよりは、あの世での記憶だと思います。

どうぞ、あの世で大切な人と再会できることを楽しみにして、お土産話をたくさん作ってください。もちろん、言わなくても既《すで》に見ているので、わかってくれていると思いますが……。

人は「寿命」と「課題」と「国籍」と「親」を選んで生まれてきます

4
Pet

神思考

ペットが死んだあと、食事ものどを通らなかったほど、落胆しました。どうしたらいいでしょう？

あなたが望めば、魂となったペットとあの世で会えます。

「ペットロス」という言葉があるように、家族同様のペットが亡くなったときに、大きく落胆する人が多いと聞いています。実際に長年飼っていた大型犬を亡くした友人が「親父が亡くなったときより、きついよ……」と胸の内を明かしてくれたことがありました。私はお父様がちょっと可哀そうだなと思いましたが、本人にとっては深刻な問題です。親の死より悲しいというのは極端な例かもしれませんが、要するに一緒にいた時間に比例して、喪失感は決まるのだと思います。子供が独立して、夫婦二人になったから犬を飼う人。一人暮らしが淋しいので猫を飼う人。動機はさまざまでしょうが、ペットは家族のような存在です。

私が子供のとき、雑種の犬を飼っていました。私と弟はよく犬の散歩を遊び代わりにして、犬との時間を楽しんでいました。今のように環境が良くなかったので、すぐ亡くなるときもあったのですが、そのときは「あー、死んじゃった」と思うだけで、涙が出るほど悲しいという感情はありませんでした。

しばらくすると、母は人懐っこい野良犬を見つけてきて、また飼うことになります。そのようにして、一匹ずつですが、代々五匹の犬を飼ってきました。私は今でも犬や猫は大好きですが、一人暮らしで出張も多いため、今は飼うことができません。ですから、犬や猫と暮らしている人はいいなと思います。

さて、ご質問にある喪失感ですが、これも私の答えは一つです。安心してください。あなたが望めばあの世で会えますから。

動物ももちろん魂と肉体の合作です。肉体が滅びれば魂が高次元へ移動します。ですから、犬を何匹も飼っていた人は、歴代の犬が勢ぞろいして、あなたをお迎えするかもしれません。あの世ではエサやトイレの心配もありませんから、思う存分遊んでください。

そんな未来を想像して、今の喪失感を癒やすことはできないでしょうか。

また、別のご質問で「ペットが死んだあと、すぐに次のペットを飼っていいもののですか？」というのもありました。

先ほど述べたように、我が家では一匹が死んだら、また次の犬を飼いました。もちろん、環境が許せばですが、新しいペットとご縁ができれば、すぐに飼ってもいいと思います。新しく家にやってきたペットの世話をしていれば、忙しくて気が紛れるかもしれません。

ただし、同じ名前をつけないほうがいいでしょう。どんなに、そっくりな姿でも、魂は違いますので、当然性格も違ってきます。さすがに、金魚や爬虫類だと個性の差を見極めるのは難しいかと思いますが、犬や猫だと明確にわかります。

ですので、身代わりのように二匹目を飼うのではなく、弟や妹が来たと思って、可愛がってあげたほうがいいでしょう。

最後に一つ苦言を申し上げます。ペットを家族のように思うのはいいのですが、人間扱いするのは違うと思います。華美な洋服を着せたり、贅沢な環境を整えたりする必要はありません。はっきり申し上げますが、人間と動物は違います。人間扱いして可愛がるのはその人の自己満足ですし、もっと言えばエゴだと思います。人間がされて嬉しいことが、動物にとっても嬉しいとは限りません。動物として生き生きとさせてあげることが、飼い主の役割ではないでしょうか。しかし、都会ではなかなか難しいです。昔は、犬は外で飼うものでしたが、最近は、散歩以外は家の中です。猫も自由に歩き回ることが難しくなってきました。ですから、できる範囲でいいので、伸び伸びと動物らしい生き方をさせてあげてほしいと思います。

「ペットロス」で落ち込んでいる人には関係ありませんが、ペットをこれから飼いたいという人は、くれぐれも衝動的に買うということはお控えください。最近は20年ぐらい生きる犬や猫も珍しくありません。途中で投げ出すわけにはいかないのです。そして、できれば保健所や保護施設の犬や猫を飼ってあげてください。ペットショップのショーウィンドウに子犬や子猫を展示して売買するのは、もうそろそろやめにしたいものです。

犬や猫は人生のパートナーとして、素晴らしいと思います。だからこそ、商品として買うのではなく、ご縁で出会いたいですね。

ペットは人生のパートナー。次のご縁を求めてもいい

5

Pet

神思考

私は子供のときに愛犬を亡くしたことがトラウマになってしまいましたが、子供の情操《じょうそう》教育にペット飼育がいいというのは本当ですか?

動物から生老病死《しょうろうびょうし》を学ぶことは、子供だけでなく大人にとっても素晴らしいことだと思います。

前のご質問者さまと同じで、ペットとの別れが本当につらかったのですね。でも、それだけペットとの楽しい時間が多かったのだと思います。それは、子供にとってはもちろん、大人にとってもかけがえのないものです。

ペットの死によって、もう一緒に時間を過ごせないのは確かに淋しいでしょう。しかし、これこそこの世での大きな学びなのではないでしょうか。

この世で生きている限り、年も取りますし、いずれは死にます。言うまでもありませんが、動物だけでなく人間もそうなのです。ですから、子供にとって動物の生老病死はまさに、生きた教科書です。

動物も年を取ったり、病気をしたりすれば、食欲がなくなります。そして、だんだんと痩《や》せていって息を引き取ります。あるいは交通事故などで、突然死ぬ場合もあります。まさに人間と同じではないですか。

動物と楽しい時間を過ごすだけでなく、老いや死、そして突然の別れなどを経験することも情操教育です。こんなに素晴らしい学びはありません。

最近は三世帯で暮らす人が減り、祖父母と暮らす子供が減っています。ですから、人間の生老病死を間近で見られないのです。さらに、昔は、家で死ぬ人が8割でしたが、今は病院で死ぬ人が8割です。下手をすると、いよいよというときに部屋から出され、息を引き取ってから死に顔を見るのです。

子供に限らず、いい年をした大人も、どうやって人が死ぬのかを知らない人が多いのではないでしょうか。死に方を知らないどころか、大人なのに葬式にすら出たことがない人もいるのです。現に40代の私の知人が、同僚のお葬式に出たときに「お葬式に参列するのは初めてです」と言っていました。長寿社会になりましたから、40代ですと、両親はもちろん、祖父母もご健在なのでしょう。

善《よ》かれ悪《あ》しかれ、死別の経験がない人は、いざ大切な人と別れるときにそれこそ大きな動揺が生じます。私は今まで、そういう人を何人も見てきて、とても気の毒に思ったのです。だからこそ、さまざまな本を書いてきたのですが、もし、ペットとの死別を経験している人ならば、むしろ私の本はいらないのかと思っていました。しかし、昨年『50の神習慣』を出させていただいて、さまざまなお悩みやご質問をいただきましたが、少なからずペットのことで悩んでいる人が多いことに私は正直驚きました。たとえばこのようなご質問もありました。

「私の不注意で愛犬が交通事故に遭い、亡くなりました。自分が死んだほうが楽だったのにと悔やむ毎日です。どうすれば愛犬に許してもらえるでしょうか？」

まず、自分が死んだほうが楽だったのにと、ご自分を責めないでください。愛犬は全《まった》く恨んでいませんので、許す許さないは気にしなくていいのです。人間の場合、よほど思いが強い人は恨みを残すことがありますが、動物は人間ほどしつこくありません。どうぞ、ご安心ください。

ましてや、大好きなご主人様を恨むはずがありません。むしろ「今まで、可愛がってくれて、ありがとう」と思っているでしょう。

そして、確かに自分の不注意でペットが死んでしまったら、私でも残念に思います。しかし、反省はしても後悔は不要です。いつまでも、あなたが思い悩むことを他界したペットは望んでいません。動物も人間も持って生まれた寿命がありますので、その寿命が終わって、あの世へ帰ったと思ってください。どのように亡くなったという事情にあまり捉われる必要はありません。

もし、あなたにとって学びよりトラウマのほうが大きいのなら、大変失礼ながら、家族の影響が大きかったのではないでしょうか。子供は親の態度や心の影響を受けます。親がペットの死に対して、激しく動揺したり、悲しんだりすれば、当然子供は同じように感じます。ですから、あなたにトラウマがあるとすれば、愛犬を亡くしたという事実よりも、そのことをどう受け止めたら良かったのかという問題だと思います。親が「○○ちゃんは天国で私たちを見ているよ」と言って、死は終わりではないことを伝えてくれれば、気持ちも和らいだかもしれません。

亡くなったペットはあなたが可愛がってくれたことを喜んでいます

6
Pet

神思考

愛猫の介護に多額の費用がかかっています。貯金が尽きる時がお別れになると思うと、胸が痛みます。

無理な延命治療ではなく、自然に任せていいと思います。

ご質問では、具体的にどのような治療をしているのかわからなかったのですが、「多額の費用」がかかっているということは、不自然な延命治療をしているのかと思います。「技術があるから治療をする」という考え方は、当事者の猫にとってどうなのかという視点が欠けているのではないでしょうか。

本来、動物はエサを自分の口から食べられなくなったら、終わりです。つまり、あの世へ帰る時です。しかし、今は人間と同じようにさまざまな栄養補給の手段があります。ですから、食べられなくなっても生かすことはできるのです。また、その他、さまざまな治療がありますので、おカネをかければ確かに数カ月は生かすことができるかもしれません。でも、これは猫ちゃんワンちゃんにとってどうでしょう？　つらくないでしょうか？　動物が死を認識できるかどうかわかりませんが、「今、つらい」「今、痛い」などの感覚はあると思います。そうすると、いたずらに延命をすると「つらい」「痛い」現状を引き延ばすだけになります。ですから、当事者は「早く楽になりたい」と思っているかもしれません。

かといって、積極的な安楽死を選択しなくてもいいでしょう。**なぜなら、エサを全く食べなくなったら一週間、水も飲まなくなったら3日もすれば楽になれます。**餓死するように亡くなれば、痛みも和らぐことでしょう。

実は、ここまで申し上げたことは人間にも当てはまります。

一番大切なことは、自分が別れたくないからといって、無理に生かさないことです。自分のエゴよりも、相手の立場を尊重すればいいのです。シンプルに表現すると、自分がされたくないことは他人にもペットにもしないということです。

しかし、怪我《けが》のときは病気や老衰と違いますので、助かる可能性があるのなら、さまざまな手は尽くしたほうが後悔は残りません。ただし、動物は保険がききませんので、これも費用との相談です。高度な治療が費用の面で難しければ、痛みを取り除く、緩和《かんわ》だけでもいいと思います。

獣医の友人が興味深いことを言っていました。「ペットは飼い主の意識を表す」そうです。つまり、心配性の飼い主のペットはよく病気になって、動物病院へやって来る。反対に、細かいことを気にしないおおらかな飼い主のペットは病気にならず、定期健診にしか来ないそうです。ペットが自分の潜在《せんざい》意識の鏡のようです。ですから、その人はどんなに動物を治療しても、人間のほうを変えなければ、根本的な解決にならないと痛感したそうです。そして、なんと獣医を辞めてしまい、幼児教育に取り組むことにしたのです。

ペットを飼っている人は、おおらかな気持ちで飼うことが大切です。

子は親の鏡といいますが、ペットも飼い主の深いところを映すのです。もちろん、たまたま病気の子を飼うこともあるでしょうが、元気だったのに、自分のところに来てから、よく病気をするようになった場合は、自分の心を見直すきっかけにしてみてはいかがでしょう。

これは植物にもいえることです。ランが好きな女性社長が、部屋の花が次々に枯れていき、自分の心に気づいたという話も聞いています。花が最後の一つになった時、「私の代わりに枯れてしまって、ごめんなさい」「今まで、支えてくれてありが

とう」と心の底から思って、大泣きしたそうです。すると、大きな気づきがあった
それ以降は、活々と仕事ができるようになったのです。

動物や植物は私たち人間には見えない「気」を敏感に受け取るのだと思います。

ですから、そういった意味からも動植物から学ぶことは多いのです。

あなたが飼っていた犬や猫から、あなたは何を学びましたか？　あなたの学びが終わったら、ペットたちはあの世へ帰る時間なのかもしれません。あるいは、あなたを守っていたペットたちが「もう大丈夫だ。必要ない」と思った時が、帰る時なのかもしれません。いずれにしても、いつまでもこの世にいられないのはペットも人間も同じです。今日の日常が明日も続くとは限らないのです。だからこそ、毎日の平凡な日々を大切にしていきたいものです。

ペットはおおらかな気持ちで飼いましょう

最後に、一つ。私はペットも家畜も区別していません。犬も猫も牛も豚も、同じ動物だと思っています。ですから、ある時から肉を食べたくなくなったのです。

7
Health

神思考

長男が先天性の障害を持っています。
いつまで私たちが介護できるかわからず、
本当に産んでよかったのか、夫婦で悩んでいます。

障害を持っているのは肉体で、魂は健全です。家族として一緒にいられる時間を楽しんでください。

先天性の障害を持って生まれたり、途中から障害を持ったりすることは少なくありません。病気の場合もありますし、怪我から障害を負うこともあります。子供の時から寝たきりだったり、車いすの生活だったりすると、本人はもちろんご家族のご苦労はさぞ大変かと思います。

また、ご相談の方のお子さんがどのような障害をお持ちなのかわかりませんが、障害は大きく三つに分けられます。身体障害、知的障害、精神障害です。令和元年度版の『障害者白書』によると、障害者の合計は963万人で、日本人の7・6％にあたります。つまり、13人に1人はなんらかの障害を負いながら、暮らしているのです。ですから「この子は不自由で可哀そうだ」と強く意識する必要はないと思います。障害があることは不便かもしれませんが、不幸なことではありません。

話は飛びますが、江戸時代の庶民の暮らしぶりを表している浮世絵に、足が不自由な人が描かれているのを見たことがあります。1平方メートルほどの板の間に座っていて、四隅に車輪がついているのでしょう。棒でこぐような絵が描かれていました。つまり、「風景の一部」として溶け込んでいたのです。それぐらい自然な存在でした。

医療従事者としては、障害の程度も存じ上げないで軽々なことを申し上げにくいのですが、まずは障害を特別なことと考えないで、一つの特徴と捉えることはできないでしょうか。

五体満足が「当たり」で、そうでなければ「残念」というほど、人間は単純ではありません。一人ひとりが違う特徴を持ってこの世に生まれて、それぞれ違う役割を果たす複雑な社会なのです。

さらに、もっと根源的にお答えすれば、どんなに障害があっても、魂は健全なのです。それは、身体障害、知的障害、精神障害全て同じです。

身体障害の方は自ら、操縦しにくい肉体を選んで生まれてきました。ですから、魂は勇敢なチャレンジャーといえるでしょう。たとえば、歩けない、見えない、聞こえない、喋れないなど身体機能に不具合があると、生活するにはとてもとても不便です。しかし、何かしら理由があって、その肉体を選ばれたのです。

たとえば、数年前に知り合った神原康弥《かんばらこうや》さんは現在26歳ですが、2歳で脳症を患い、重度障害者となりました。つまり、手足が動かせず話せないのです。自分の状況を理解して、受け止めることに時間がかかったと言っています。しかし、今は母親の通訳を介して、カウンセラーをしたり、講演会をしたりしています。

彼は肉体を動かせない代わりに、意識を自由に拡大することを楽しんでいるようです。おそらく、魂を肉体から少し離して、高次元の情報にアクセスしているのでしょう。まさに自分の特徴を存分に発揮して、この世を生きています。

知的障害と精神障害も、あくまで肉体とそれによる精神活動に不具合があるだけで、魂には異常がありません。私たちは、頭や心は肉体ではないと思いがちです。しかし、知的障害の場合は脳という肉体の不具合ですし、心はその脳を使った精神活動の表現型に過ぎません。ですから、今回は操縦が難しい肉体を選んで、なんらかの課題にチャレンジされているのだと思います。

特に、統合失調症などは難しい病気なので、それによってほとんどの人とのコミュニケーションに誤解を生じる場合が多いです。知人のお兄さんは統合失調症で、若い時からずっと入院しているそうです。それこそ「なんのために生まれてきたのだろう」と家族が思い悩んでいます。

しかし、今回の人生は彼がその役割をする意味があったのかもしれません。もちろんこの世に来てからの自由意志もありますから、あくまでもさまざまな選択の一つではあります。ですが、それを選んだのは自分なのです。

生まれてくる前も、生まれたあとも、どういう人生を送るか選択をするのは自分なのです。家族の選択ではありません。どうぞご心配なさらずに、お子さんの勇気ある選択を心から応援してあげてください。

操縦が難しい肉体を選ぶ魂は勇敢

神思考 8 Health

新型出生前診断を受けたところ、「染色体異常の可能性が高い」という結果が出ました。中絶するつもりですが、罪悪感がぬぐえません。

魂は少しの旅でもその体験に感謝しています。

出生前診断というのはさまざまな方法がありますが、ご質問にあった新型出生前診断というのは2013年に導入されました。妊婦さんの採血だけで検査が済み、精度も99%という高さがあります。

高齢出産だと染色体異常の新生児が生まれる確率が高くなるため、検査を受ける人も増えているようです。

昔の話を持ち出して恐縮ですが、赤ちゃんは男か女かもわからないのが当たり前でした。まさに出たとこ勝負です。今は準備もあるので、男女を確認する人が多いようですが、生まれるまでわからないというのも、楽しいかもしれません。

さて、ご質問の方は検査の結果、中絶を選択するつもりだが、罪悪感がぬぐえないとのこと。大変厳しい言い方をすれば、ではどうして検査をしたのでしょうか。ご夫婦で話し合って、障害がある子は育てられないという結論が先にあるから、検査をしたのではないでしょうか。私はその結論に善し悪しはないと思います。ご夫婦で選択した人生です。その結論に迷いを持つ必要はないのです。逆に迷っているのならば、このような検査は受けないほうがいいでしょう。

医療従事者として意見を言わせていただければ、検査をした医療機関の説明不足があったのではないかと疑ってしまいます。安くはない費用をいただく検査です。当然保険はききません。命の選択に関わる検査という自覚を医療機関に持っていただきたいです。

たとえば、陽性と診断されて中絶を選択したご夫婦、出産を選択したご夫婦の体験談などは、検査の前にお知らせしたほうがいいでしょう。もし、そのような説明を受けて検査をしたならば、選択に迷いを持たないと思います。あるいは詳しい説明を受ければ、検査自体を取り止める決断に至るかもしれません。

魂の観点でご説明すると、胎児が4カ月ぐらいまでは、魂が出たり入ったりを繰り返すようです。そして、5カ月ぐらいに魂が肉体に定着するようです。

胎児の時の記憶がある人は珍しくなく、池川明先生の『おぼえているよ。ママのおなかにいたときのこと』（リヨン社）というご著書に詳しく事例が書かれています。

子供は親を選びます。私はその頃の記憶が残っています。色々な夫婦の顔がパッパッと映し出され、私は両親が映った時にこの人たちにしようと思ったことを覚えています。それは自分の課題を実行できる環境を選んでいるからです。

この仮説を前提にすると、中絶される子供は、せっかく親を選んできたのに生まれることができなかったので、可哀そうなのでしょうか。私はそうは思いません。なぜなら、魂はそんなに見通しが甘くないからです。中絶されることも見越して、親を選んでいると言えるのではないでしょうか。少しの旅でも、その体験がしたかったのでしょう。

もちろん、だからといって私は中絶を推奨しているわけではありません。しかし、否定もしていません。あの世とこの世は常に行ったり来たりする場所だからです。何か課題に挑戦したい魂は、この世に来ることを順番待ちしているのです。

ですから、悩んだ末に中絶という選択をしたご夫婦が罪悪感を持つ必要はありません。過去を変えることはできないのですから、**罪悪感という感情で過去に縛《しば》られ**

ることはとてももったいないことなのです。

また、供養《くよう》することはいいかもしれませんが、それも心の中ですればいいことですから、形にこだわる必要もありません。中には、赤ちゃんの手形や足形をとったり、遺骨を持って帰ったりする人もいるそうです。

それもご夫婦の選択なのですが、私はあまりお勧《すす》めしません。何かが残っていると、どうしても過去に縛られ、罪悪感が薄まりにくくなるからです。感謝や謝罪はものがなくてもできます。そして、どこでもできます。

お寺でする水子供養などもありますが、それで気が済むようでしたら、さればいいと思います。しかし、繰り返しになりますが、今ここであなたが祈れば、それはあちらにいる魂に伝わります。その魂はあなたが過去に縛られることなく、今を幸せに生きることを望んでいます。

罪悪感という感情で過去に縛られないでください

9

神思考

Health

安楽死のドキュメンタリー番組を見ました。本人の選択の問題だと思いますが、矢作先生は安楽死をどう思いますか？

自分で決めた寿命を、自分で短くすることはないと思います。

何ごとも善し悪しではなく、その人の人生はその人の選択の積み重ねですので、ご質問者さまのおっしゃる通り、安楽死も本人の選択の問題だと思います。

でも、もし私が同じ状況になった時どうするかといえば、安楽死は選択しません。遅かれ早かれ、あちらに帰ることができるので、自分でわざわざ短くすることはないと思うからです。

そもそも、寿命というのは自分で決めているといわれています。自分で決めた課題を自分で実行するために必要な時間です。もちろん、その時々の選択でいろいろなパラレルな世界を行き来しますので、寿命も多少の伸び縮みはあるでしょう。しかし、だいたいは決まっているのです。

ですから、私はよく確信をもって次のようにお伝えしています。

「人は事故や病気で亡くなるのではなく、持って生まれた寿命で亡くなる」と。

私はそのドキュメンタリー番組を見ていないのですが、友人に確認すると、神経系の病気になった50代の女性がスイスで安楽死した番組だったようです。そして興味深いのが、同じ病気で別の50代の女性は延命治療をして、最後まで生き抜く決断をしたというのです。前者は一人暮らしだったのを晩年は姉二人と過ごしました。後者は母親と娘の三人で暮らしていました。

ここからは私の推測ですが、安楽死を選択した女性は自分の自立に最後までこだわったのではないでしょうか？　治る見込みが少ない中で、どんどんと自分の身体が動かなくなり、話せなくなるということが受け入れにくいというのは無理からぬことです。

しかし逆を言えば、病状が進めば徐々に食べられなくなり、過度な延命治療をしなければ静かにあちらへ行けます。今は苦痛を取り除く緩和治療もありますので、本当はあまり心配する必要はないのです。

もう一人の女性が安楽死を選択しなかったのは、家族との時間を優先したのではないでしょうか。自分がどんな姿になっても、たとえコミュニケーションが取れなくなっていっても、家族のそばにいたかったのだと思います。あるいは、そもそも安楽死という選択を知らなかったのかもしれませんし、そんなことを考えたこともなかったのかもしれません。

実際、多くの人は自分が重篤な病気になっても、自らそれに終止符を打つというような選択を思いつかないのではないでしょうか。

なぜなら、日本では安楽死は合法ではありませんし、もし終わりにしたいのであれば自殺しなければいけません。ドキュメンタリー番組の女性は、何度か自殺未遂を起こして、自分では死ぬことができなかったので、わざわざスイスへ行ったそうなのです。スイス以外でもアメリカのいくつかの州やオランダでは安楽死は合法ですが、現実として日本人がその国へ行って安楽死を依頼するのはハードルが高いです。ですから、令和元年の参議院選挙では「安楽死制度を考える会」という政党が立候補者を立て、問題提起をしました。そして、20万票以上集めました。

日本もずいぶん変わったなと思いましたが、私はこの流れに賛成ではありません。なぜなら、もし身体がつらいのなら、緩和治療があるからです。

少し前は緩和治療さえもあまり行わず、最後まで積極的な治療をすることが標準的でした。しかし、今は完治の見込みがない場合、治療の差し控えや中止が選択されるようになりました。医療者側からの提案もありますし、患者や家族からの依頼でという場合もあります。いずれにしても、過剰な治療で生活の質（ＱＯＬ）を下げるより、痛みを取り除くことのほうが本人にとって幸せでしょう。

私の弟もガンが見つかった時はもう手遅れだったので、積極的な治療はせず、苦痛を取り除く緩和治療のみを行いました。一時は家に帰れるほど、病状も安定しました。しかしそれもつかの間、あっという間にあちらに旅立ってしまいました。

ですから、自ら終止符を打つなどということを考える間もなかったと思います。もし、もっと時間があったとしても弟はそんなことは考えなかったでしょう。かといって、生きることに執着していたようにも見えませんでした。実際に「死ぬことは怖くない」と言っていました。彼は最後の瞬間まで、淡々と生きていました。

安楽死を選択しなくても、緩和治療があります

神思考 10 Health

遺伝子検査で病気のリスクがわかりますが、知って予防するのと知らずに寿命を全うするのと、どちらがいいでしょう?

遺伝子の特徴を知るよりも、どういう意識で生きるかのほうが大切です。

最近は、手軽に遺伝子検査ができるようになりました。ネットで検索すると、安いものですと1万円以下、280項目の遺伝子的傾向がわかるものでも3万円程度で受けられます。そんな手軽さもあって、検査を受ける人も増えているようです。

しかし、私は遺伝子検査を受けようと思いませんし、実を言うと健康診断も受けていません。ですから、ご質問にあった「遺伝子検査を受けてリスクを予防したほうがいいのですか」という問いに対しては、「そんな必要はないと思います」とお答えいたします。

米国の有名女優は遺伝子検査をした結果、乳がんになる確率が高いと言われ、ガンの発症前に、切除手術をしたそうです。そのような話を聞くと、私たちも予防したほうがいいのかと焦る人もでてくるかもしれません。

しかし、皆さんはこのニュースを聞いた時、どう思いましたか？　こういう判断は中絶のところでも申し上げたように、善し悪しではありません。しかし、自分にはピンとこない、しっくりこないなど、ちょっとでも違和感を持ったら、この手の話をもう気にしないことです。たとえ、多くの人がそうやっていたとしても、自分の胸に手を当てて、自分は違うと思えばやらなければいいのです。そういった自分の感性を信頼してください。

そして、もちろん好奇心から「遺伝子検査をやってみたい！」と思う人は、そのワクワクした気持ちのまま受ければいいと思います。くれぐれも、結果を見てショックを受けないでください。もし、ちょっとでもショックを受ける可能性がある場合は、私はお勧めしません。

なぜなら、心配が病気を作ってしまうからです。たとえば、もし、胃がんのリスクが30％という結果が出たとします。予防としてはピロリ菌の退治がありますが、あとは暴飲暴食をしない、適度な運動、良質な睡眠、ストレスを避けるなど、ごく当たり前のことしかありません。

そして、毎年の検査で「今年は胃がんがあるかな？」などと心配して、胃がんに意識を集中することはかえって良くありません。人間は意識を向けたことを実現化しやすいからです。

ですから「ガンになったらどうしよう」とか、「将来、ボケたり寝たきりになったらどうしよう」などと思わないほうがいいです。そういう心配があなたの未来を作ってしまいます。

しかし、中には「あれだけ健康に注意していたのに」という人もいるでしょう。その場合も、健康に注意していた動機が重要だと思います。病気になりたくない「恐れ」から、あれこれ健康メニューをこなしていたのかもしれません。いずれにしても、自分の潜在《せんざい》意識を知り、顕在《けんざい》意識に一致させていくことが大切になります。

潜在意識というのは、表に出てこないからこそ「潜在」というので、それを知るのは難しいと思うかもしれません。

しかし、私たちにはいいお手本がいます。それは子供たちです。特に3歳くらいまでの子供たちは、潜在意識と顕在意識が一致しています。あれこれ難しいことを考えず、やりたいことをやっているのです。

心配や恐れという意識が病気を作ります

私たちがもう一度子供に戻ることはできませんが、子供たちのように裏表なく、童心に帰り、目の前のことに集中することはできるのではないでしょうか。私たちに必要な意識はそのようなことで、遺伝子の特徴を知ることは二次的なことだと思います。ですから、繰り返しになりますが、好奇心から自分の遺伝子の特徴を知ることは止《と》めません。しかし知った結果、少しでも「心配」「恐れ」を持つ可能性があるならば、検査は不要です。「知らぬが仏」ということわざ通りなのです。

陰陽五行では、感情と病気の関連性があるといわれています。たとえば悲しみは肺の不調が、怒りは肝臓の不調が現れやすくなるというわけです。また、死を恐れる人や神経質な人は認知症になりやすいといわれています。

だからこそ、病気は自分の心に気づくきっかけといわれるのです。気づいて、病気が治る場合もありますし、気づいて「もう満足」と思えば、あの世へ帰るのです。

11 Health

＼神思考／

40代の夫が末期がんの宣告を受けました。本人も私もショックで途方に暮れています。家族の死とどう向き合えばいいのかわかりません。

夫婦だけで考えて対処するのではなく、それぞれの実家に相談して、頼ってもいいと思います。

40代の働き盛りで、まだまだこれからたくさん時間があると思っていた矢先、突然の宣告で、さぞ驚かれたことと思います。私も患者さんにさまざまなことを伝えてきた立場でしたので、そのことは想像がつきます。おつらい気持ちがこちらに伝わってきます。

私が現役の時はあくまでも希望を失わない表現を心がけていました。たとえば「一般的に、余命は○年と言われますが、あくまでも統計上の数字です。お一人お一人、状況が違いますので、できることをやっていきましょう」などです。しかし、医者も30万人いますので、中にはひどい言い方をする人もいるようです。

「あなたはあと、半年の命です」とか「あと、何年生きたいですか？」などと言われ、ショックでしたと聞くこともあります。

ご質問者さまが医者からどのように言われたのかわかりませんが、ショックを受けて途方に暮れたということは、あまり良い表現ではなかったように思います。しかし、これらの宣告について医療従事者だけを責めるわけにはいきません。普段から、死について、ある程度の心構えを持つことは大切です。いわゆる死生観です。日本は戦争に負けて米国の占領下にあった時、さまざまなことが作り変えられました。その一つが死生観です。

それまでの日本人は、何かに備える武士道精神が一般庶民にもありました。今日死ぬかもしれない、明日死ぬかもしれない。その時がいつ来ても慌てないように、今〇〇しよう、という覚悟が今よりあったと思います。

江戸時代も火打石で主人を送り出すのは、「無事にお戻りください」という縁起《えんぎ》担《かつ》ぎでした。一方、現代の日本は家を出たら、帰って来るのが当たり前と誰もが思っています。「これが最後の別れかもしれない」と毎日思う必要はありませんが、せめて「気をつけていってらっしゃい」と心を込めて思う気持ちは大切でしょう。

また、戦後は西洋式の二元論が色々な分野に持ち込まれ、「生か死」「勝ちか負け」

のように二つに分けて、対立構造のような発想が持ち込まれました。もともと、日本人の死生観に対立軸や勝ち負けの発想はなかったと思います。一足お先にあちらへ行った家族やご先祖さまが、こちらを見守っているという一体感があったのではないでしょうか。

比較的多くの家に仏壇があって、お祖父ちゃんお祖母ちゃんの写真がところ狭《せま》しと並べられていたりしていました。祖父母は家で亡くなるのが当たり前という時代は、そうして家族が死を学んだのです。今は、お葬式で棺桶《かんおけ》に入っている祖父母の顔を見るぐらいです。どのように老いるのか、どのように死んでいくのか知らない世代の人も多いのではないでしょうか。

戦後、核家族化が進み、万が一お父さんが亡くなると、その家族は大きく変容してしまいます。三世代で暮らしていたら、多少、亡くなる順番が違っても、皆の暮らしがそれで崩れるようなことはなかったのです。

今さら「三世帯で暮らしましょう」と言っても、難しいかもしれません。ただ、ご質問者さまのように家族に何かあったとき、夫婦だけで考えて対処するのではなく、それぞれの実家に相談して、頼ってもいいのではないでしょうか。もちろん、経済面も含めてです。

家族が重篤な病気になると、それまでの生活は一変します。しかし、皆でできることをやって、粛々《しゅくしゅく》と受け止めるしかありません。

私が常々、日本人から失われた死生観についてお話しするのは、まさにこのようなときに慌てないためなのです。いざ、そのときが来てからですと、そこから本を読んだりして、考えを変えることは難しいでしょう。ですから、そうなる前に心構えが必要なのです。

「家族の死とどう向き合えばいいのかわかりません」という問いには、私もなんとお答えしていいかわかりません。なぜなら、心構えがなかった人に、何をお伝えしても気休めにしかならないからです。

他界するという意味では、人は100％死ぬものです。皆が行くあの世が悪いところのはずがありません。それだけをお伝えします。

何があっても慌てないという心構えが必要

\\ 神思考 //

12

Health

母の認知症が進んで、家で介護することができなくなりました。施設へ預けようと思いますが、罪悪感がぬぐえません。

無理な介護はお互いの不幸です。あなたができることだけをニコニコ顔でして差し上げましょう。

私の友人知人の何人かは認知症の親の介護経験があります。もちろん、現在介護中の人もいます。24時間目が離せないので、体力的にも精神的にも大変な負担になるようです。現実的には一人で介護するのは大変難しいと思います。

たとえば兄弟で当番制にしたり、訪問介護や介護保険を利用したり、さまざまな人の手を借りたほうがいいでしょう。しかし、それでも仕事が忙しい、家に小さい子がいるなどの事情により、結局、親を施設に預けるというのはよく聞く話です。

それは仕方のないことです。自分を責めることは無用です。お母様がお元気だったらなんと言うか、あなたは十分わかっているはずです。それでも、罪悪感をいつまでも持つのは、不自然ではないでしょうか。そういうときは、介護の問題以外に、自分自身を責める理由があるのかもしれません。

ちなみに認知症の人はなぜそうなるのでしょう。もちろん、脳の機能不全の問題が大きいのですが、それ以上に死を恐れているからなのかもしれません。つまり、認知症になってしまえば、多くの場合、死さえも認識できなくなるでしょう。ですから、誤解を恐れずに言えば、自分が認知症になりたくてなっているともいえます。そうして死の恐怖から解放されるのです。

以前はきちんとしていた親が、身だしなみが乱れ、わけのわからないことを言い、挙句の果てには子供に向かって「どちら様ですか?」と尋ねる。これらのことは子供としては受け入れがたいのは当然です。そして、可哀そうで見ていられないという人もいるでしょう。でも、見方を変えれば、本人は幸せなのです。

ですから、幸せになった認知症のお母様にどうぞニコニコ顔で接してあげてください。そして、あなたができることだけをして差し上げれば十分ではないでしょうか。間違っても「どうして、こんなになっちゃったの!」とお母様を責めないことです。もし、あなたの感情がどうしても乱れてしまうなら、それこそ施設に入れて、少し距離をとったほうがいいでしょう。

施設は需要に供給が追いついていないと聞いています。近くの施設に入れず、少し遠いところにお世話になるかもしれません。または、環境的に不満足なところに入らざるを得ないかもしれません。しかし、ここはそれもご縁と割り切り、施設に入れたことに感謝しましょう。中には順番待ちで、入れない人もいるのです。

施設に入れた罪悪感を持つ必要はないと先ほど結論を申し上げましたが、その気持ちを間違っても施設の方にぶつけてはいけません。

「もっと○○してほしい」

「なぜ、そのような対応をするのか」

と、クレームを言うのは本末転倒です。

こういう話は介護施設だけではなく、保育園などでもよく聞く話です。確かに、自分の大切な親や子を大切に扱ってほしいというのは人情としてはわかります。しかし、ひとたび他人にお任せしたのなら、それを受け入れるしかありません。

職員の方たちも千差万別でしょうから、中には見過ごせない場合もあるかもしれません。そういう場合は、感情的にではなく、事務的にお伝えするだけです。そして、もし改善していただけないのなら、自分たちで引き受けるしかありません。

ですから、この許容範囲を広くしておかないと、自分たちが苦しくなってくるのです。とにかく、他人の対応をおおらかに見守るしかありません。自分たちができないことをしてくれていることに感謝するしかないのです。

施設で別の病気が発症して、病院と施設を行ったり来たりする事例も多いようですが、基本的には施設を終《つい》の棲家《すみか》として、そこで死を迎えることを前提にしたほうがいいでしょう。

しかし、施設ではそれこそできることが限られていますので、多くを望まないことです。口から食べられなくなったら、静かに見送る時なのですから。

施設での終末期については、石飛幸三《いしとびこうぞう》先生の『「平穏死」のすすめ』（講談社）などに詳しく書いてあります。

施設にお任せしたら、おおらかに見守りましょう

13
Health

神思考

死ぬ瞬間のことを考えると、苦しいのだろうかと不安で仕方ありません。医学的にはどのような感覚なのでしょうか？

ゆっくり亡くなるときは意識が遠のきますし、急に亡くなるときはあっという間ですので、どちらにしても心配無用です。

私たちはこの世とあの世を行ったり来たりしていますので、実は死ぬ経験というものは、皆さん何回もあります。

でも、ほとんどの人は忘れてしまっています。理由は単純です。自殺防止です。ゆっくり死ぬのも急に亡くなるのも、実はたいしたことがなくて、行った先のあの世が、この世より素晴らしいところだとしたら、ここにいたいという執着はなくなってしまいます。皆、我先に「あの世に戻ります」と、故郷へ帰ってしまいます。

ですから、多くの人が死を怖いものだと認識しているシステムは実によくできていると思うのです。

病気や怪我などで魂が肉体から離れると、気づいたときにはまた新しい世界にいる自分を意識します。ただ、そこは今までいたところと極端に違わないのですが、やがて自分の意識の持ちようで景色が変わることに気づきます。それとともに肉体があっても重さを感じないことにも気づきます。とにかく、肉体を脱ぐと、快適な世界へ行くのです。

行こうと思ったところへ行けて、しようと思ったことができる世界です。どうでしょう。あまりにも思い通りになるので、少し退屈かもしれませんが、実に快適な世界です。

たとえば、あなたはディズニーランドが大好きで、そこへ行くとしましょう。家から満員電車に乗って、そこへ行くのはちょっと大変かもしれません。しかし、それはディズニーランドへ行くプロセスに過ぎません。あなたが毎日死の不安を抱えているとしたら、毎日、満員電車のことを心配しているようなものです。

単純に時間がもったいないのです。さらに、実は満員電車は苦しいはずだと決めつけていたら、実はそうでもなかったというオチまであるのです。

死のプロセスというのはそんなに難しくありません。誤解を恐れずに言えば、何も知らない子供でも死ねるのです。ですから、本当は事前にどんな風に死ねるかという事前情報は必要ないのかもしれません。

しかし、私が医療従事者としてさまざまな死を見ていて思うことは、心配することは何もないということです。

死に方は大きく分けて、ゆっくり死ぬ場合と急に亡くなる場合があります。前者は意識がだんだん遠のくので、恐怖などは感じられないのではないでしょうか。場合によってはお迎え現象を見て、にっこりしてから、意識がなくなる場合もあります。口からモノが食べられなくなり、水も飲めなくなると、まさに枯れるように亡くなっていきます。無理な延命治療をしなければ、自然に気持ちよく死ねるようになっているのです。もし、無理な延命治療を最後までした場合も、大丈夫です。最後は必ず気持ちよく死ねますので。

全員が肉体を脱ぐのですから、そのプロセスに多少の違いがあったとしても、恐れることはありません。事件や事故で急に亡くなる場合も同じです。私は雪山から比高1000メートル（距離にして1200メートル）落ちたことがありますが、そのときも「これで死ぬのか」と思ったものの、不思議と恐怖心はありませんでした。ただ、両親に申し訳ないと思ったことを覚えています。私の場合は、なぜか死なずに生き延びてしまいましたが、あの世の入り口まで行ってきた感じです。

ですから、私のように事故に遭ったり、殺人などの事件に巻き込まれたりしても、恐怖は一瞬で終わりです。また、ひどく遺体が傷《いた》んでいたとしても、遺族はそこに思いを強く持たないほうがいいでしょう。遺体はまさに遺《のこ》された体ですから、それがどんなに傷んでいたとしても、魂に傷はありません。むしろ、魂は肉体から解放されて、自由に飛び回っているのです。

急に死ぬのか、ゆっくり死ぬのか、あるいはどのように死ぬのかを考えている時間はもったいないです。あの世へ行く方法はいくつかありますが、そのときのあなたの心のあり方のほうがよほど大切です。

不安や恐怖に支配されるのではなく、常日頃、感謝の気持ちをもって日々を大切に生きていきましょう。その延長にあの世があるだけです。

あの世への帰り方はいろいろありますが、どう帰っても魂に傷はありません

14
Health

いわゆる難病指定の病にかかっています。これからどんな症状がでてくるのか毎日びくびくしながら過ごしています。どうしたら明るく生きられますか?

神思考

全ての病気は気づきのためにあります。何に気づけるのか、学びが深い人生に感謝してみてはいかがでしょう。

世の中にはさまざまな病気があり、中にはどういうメカニズムで発症するのかわからない病気もたくさんあります。そして、遺伝的なものや先天的なものもありますが、生活習慣病のように後天的なものもあります。いずれにしても、病気には共通点があります。それは本人の気づきのために起こるものということです。

ご質問者さまは難病にかかって、大変ご不安な様子なのがわかります。そして、病気によっては、病状が進めば、歩けなくなったり、喋れなくなったりと、どんどん身体機能が低下していきます。

そうなれば、今までしていた仕事や生活はできなくなり、誰かの手を借りながら生きていかざるを得ません。そこに不安があるのはある意味当然だと思います。しかし、びくびくしながら過ごすのはどうでしょう？

全ての患者さんにいえますが、ＱＯＬ（生活の質）を高めることが大切です。びくびくしながら生きるのは、ＱＯＬが低いといえるのではないでしょうか。ＱＯＬを支えるのは言うまでもなく、心のあり方です。たとえ寝たきりになったとしても、心穏やかに過ごせれば、素晴らしいことなのです。

そして、病気が気づきのために起こるのだとしたら、ご質問者さまはなぜご自分がその病気になったのか、もうお気づきなのでしょうか？　これは医学的な分析を求めているものではありません。「あなたのどういう心のあり方が病気を作ったのか？」という質問です。

大変、残酷な言い方になって申し訳ないのですが、もしかしたら病気になる前から「不安」という大きな種を心の中に持っていたのではないでしょうか。神様はもっとあなたを不安にさせて、それを手放すために「病気を使いなさい」と言っているのかもしれません。

あるいは急に亡くなると何も準備できないので、今回はゆっくり準備ができるように段取りをしたのかもしれません。

これはあくまでも私の仮説ですが、たとえばあなたが前世で急に亡くなり、家族を大変困らせたという経験があったのかもしれません。そして、あなた自身が「今度生まれて来るときは、きちんと死の準備ができるように、病気になって、徐々に身体が弱るようにしたい」と強く望んだのかもしれません。

いずれにしても、答えはあなた自身が知っているのだと思います。ですから、これからどんな症状がでてくるのだろうとびくびく過ごす時間はないのです。何に気づき、どう生きるのか。それしかないのだと、知ってください。

私が診てきた患者さんや友人知人の多くは、重篤な病気になると皆さんたいそう落胆されます。最初から「これは神様が何に気づけと言っているのかな?」などと、前向きに捉えられる人はほとんどいません。

しかし、自分自身と向き合い、思い悩むうちに「病気にならなければ○○に気づけなかった」と深い気づきを得る人は少なくありません。そして、その気づきにより、病気が治る人もいれば、今生《こんじょう》はこれで満足して卒業する人もいるのです。

病気によって何に気づくのかは自分自身が知っています

たとえば私の知人で、悪い人ではないのですが他人に対してきつい言動をする人がいました。その人がガンになって、さまざまな治療を受けていく中で、自分自身を振り返ってこう言いました。

「私はガンにならなければ、人に対しての態度を変えることができなかった」と。今は、病気と共に心穏やかに過ごしています。

大切なことは何年、どのような状態で生きるかではないのです。それよりも、生まれてから死ぬまでにどれだけ気づきを得て、何を学べるかではないでしょうか。

もちろん大切な家族と別れたり、やりかけた仕事を残したりするのは心残りでしょう。しかし、それもこの世から見た感覚なのです。あの世へ帰ると、全く違った立場から家族を見守ることができますし、この世の仕事に執着することもありません。ですから、何も心配はいらないのです。今日という、あなたにとってたった一日しかない日を、大切に過ごしてください。

神思考 15 Health

認知症で意思の確認ができない祖父に延命治療をするべきか悩んでいます。延命治療は意味があると思いますか？

ご本人の意思が一番大切ですが、それが確認できない場合は、自分だったらどうするかを考えてください。

このようなご質問は難しいようで、実は答えはシンプルです。子供の時に親からよく言われたことです。

「自分がされたくないことは、人にもしない」です。

ところが、こと命に関わることですと、1分1秒長生きすることが正義のような感覚があります。そのような価値基準でいると、本人がどう思おうが、延命治療をすることが正義になってしまいます。しかし、私は延命治療には意味があるとは思えません。

技術があるから、ただ栄養を入れる、呼吸をさせる、心臓を動かすというのはいかがなものでしょう。早く肉体を脱いで、楽になりたい人の足をやみくもに引っ張っていないでしょうか。

どんなに引き延ばそうと、ゴールは必ず死です。ここに例外はなく、100%あの世へ行くのです。それを多少延ばして、どうするのでしょう。

もちろん、病状や年齢によっては回復し、その後何年か生きる人もいるでしょうが、ご質問のように認知症の老人でしたら、答えは簡単です。この世にお引き止めする理由はありません。

もっとも、認知症になる前に本人の意思を確認しておくほうが、病院ともトラブルになりません。終末期の医療やケアについて「リビングウィル（生前の意思）」を文字で残しておく方法です。

最近は、病院でも家族の意思を尊重してくれますが、まだまだ治療一辺倒のところも多いのは否めません。家族が「延命治療は結構です」と望んでも、「命があるのに何を言っているのですか」と怒られたケースも耳にしています。

また、その反対もあります。病院側がもうそろそろと思っても、家族側が「1秒でも長く一緒にいたい」と懇願するのです。そこで、いつも置き去りにされるのはご本人の意思です。ですから、「リビングウィル」があるとスムーズなのです。

詳しいことは、令和元年に出版した『安心して、死ぬために』（扶桑社）に述べておりますし、リビングウィルのひな型もお示ししています。ご興味がある方はそちらをご覧ください。

ここでは簡単に、延命治療の中でも、栄養補給についてお話しします。

本来、人間を含む動物は口からモノを食べられなくなったら、静かに死ぬだけです。しかし、今はさまざまな栄養補給の方法があります。点滴や中心静脈栄養もその一つです。鼻から入れた胃管を通じて栄養を入れたり、胃瘻《いろう》という手段もあります。胃瘻とは胃に小さな入り口を作って、そこから栄養を直接入れるものです。本来は一時的にするものでしたが、今は口から食べられない終末期の老人にまでしています。もちろん、そんなことをしているのは国民皆保険制度がある日本ぐらいのものでしょう。

栄養を十分に処理できない身体や顔はむくんで、少し苦しそうに見えます。それでも一度胃瘻を始めてしまうと、なかなかやめる決断ができません。だからこそ、最初からやらなければいいのですが、それを断ると「餓死させる気ですか？」と医者から怒られる人もいるそうです。

そろそろ、こういう価値観を変える時が来ていると思います。国民一人ひとりが変われば、医療側も変わってくるのです。今は、遺族側からの訴訟もあったりするので、病院側は念には念を入れ、最善を尽くそうとするのです。

先述した石飛先生の『「平穏死」のすすめ』などの本で問題提起がなされ、少しずつ意識も変わってきています。

ですから、食べないから死ぬのではなく、死ぬ前だから食べられないという現象を受け入れることが自然です。そして、自分がされたくないことは、たとえ親でもしないことです。

あなたはチューブだらけになって、意思も表明できないのに、1秒でも長くこの世にいたいですか？

それとも、肉体を脱いで、あの世で自由に飛び回りたいですか？

食べないから死ぬのではなく、死ぬ前だから食べられない

16
Health

まだ20代ですが、パニック障害をこじらせ、自分はもうすぐ死ぬのではないかという思いにかられます。どうすればこの闇から抜け出せますか？

神思考

過去や未来にとらわれることなく、「中今」に生きれば、闇から抜け出せます。

パニック障害というのは、人込みや狭い空間などで、急にパニック症状が起き、めまいや過呼吸《かこきゅう》などになることです。まさに「死ぬのではないか」というほどのパニックに陥《おちい》る状態です。

しかし、パニック障害自体で死ぬことはありません。人間はそう簡単には死なないのです。

ご質問者さまは「パニック障害をこじらせ」とあるので、心療内科である程度の治療をし、落ち着いたと思っても、また深刻な症状に見舞われたのでしょうか。少なくとも、長い年月、パニック障害とお付き合いがあるようです。

心療内科での一般的な治療はカウンセリングと投薬になるでしょう。しかし、薬はあくまでも対症療法であることを知ってください。根本的な原因は自分自身の中にあるのです。ということは、解決方法も自分自身の中にしかないのです。しかし、そこになかなか気づけないので、パニックという現象を起こしてまで、あなたにアラームを発しているのです。

基本的にはストレスが原因だと思います。仕事のこと、家族のこと、経済的なこと、パートナーとのこと、全てが順調だという人は少ないでしょう。皆さん、何かしらトラブルを抱えながら生きています。

しかし、そのトラブルを「問題」と捉えるかどうかは、私たちの自由です。それを「問題」と思うとストレスになり、場合によってはパニック障害にまでなってしまうかもしれません。その反対に、気にしなければストレスにはならず、病気も発症しないのです。

気にしないでいるコツは「中今」です。過去や未来に意識を向けず、「今」という一瞬に意識を合わせるのです。私たちの人生は1秒1秒の積み重ねです。そして、そのたった1秒には「問題」がないのです。

もし、「中今」に意識を合わせることが難しいならば、自分の行動を「実況中継」する練習をしてみてください。そしてその動作一つひとつに感謝の念を込めます。たとえば、「いま手を伸ばした。ああ手が伸ばせた、ありがとう。コップを持ちました。ああコップを持てた、ありがとう。肘を曲げて、コップを口に近づける。あぁコップを動かせた、ありがとう。水を一口飲む。ああ水が飲めた、ありがとう」という具合です。自分の行動や所作を丁寧に行うには、結構集中力が必要です。そして、余計《よけい》なことを考えているヒマがなくなります。ただ単に、忙しくして、不安を忘れるのではなく、今を丁寧に生きるのです。

パニック障害を一度起こすと「また、なったらどうしよう……」と心配する人が多いと思います。残念ながら、心配すると本当にそのようになってしまいます。ですから、「中今」に生きて、未来の心配を外すのです。

その反対に過去にとらわれてしまう人もいます。「あの時、こうだった」「あの時、こうすれば良かった」などです。しかし、どんなに深く後悔しても現状は良くなるどころか、かえって悪くなります。

後悔をしないコツも「中今」なのです。

また、具体的に原因が思いつかなくても、なんとなくモヤモヤを抱えている人もいます。しかし、原因を分析する必要はありません。将来が不安なのか、過去を後悔しているのか、わかったほうがスッキリするかもしれませんが、そのモヤモヤを「中今」で外してしまえばいいのです。

どうしても原因を知りたいという人は、専門家のカウンセリングを受けて、一緒に見つけるという方法もあります。それでも顕在意識では原因が見つけられない人はヒプノセラピーという心理療法なども使ってみるといいでしょう。潜在意識へのアプローチで、何か解決の糸口が見つかるかもしれません。

人によっては過去生の映像を思い出したりします。すると、現在のトラブルとの関係性がわかって、心理的圧迫が収まる場合もあります。

しかし、薬やセラピーに依存してはいけません。基本的には「中今」でいることが、あなたにとっての一番の癒やしになります。

原因を分析しなくても、心配や後悔は外せます

17

神思考

Health

病気にならず、介護もされず、ピンピンコロリで逝《い》きたいです。どのような習慣がいいですか？

日々を感謝して生きて、健康のことなど考えない習慣がいいでしょう。

ピンピンコロリは多くの人が望む逝き方です。もちろん、いくつか選択肢があって、自由に選べるならば、私もそれを選びます。しかし、実際のところ、どうなるかわかりません。そうであるならば、そこに固執して考え過ぎないほうがいいでしょう。

私が元医療従事者だからでしょうか、講演会などでは健康についてのご質問を多数いただきます。そのときにはいつも「健康の秘訣《ひけつ》は健康を考えないことです」とお答えしています。冗談ではなく、本当にそう思っているのです。

しかし、一方で自分の意識が未来を作るという原則もあります。そうであるならば、健康を意識したほうがいいようにも思えます。それと一見矛盾《むじゅん》するように思われるかもしれません。でも、何ごとも過ぎたるはなお及ばざるがごとし。考え過ぎは執着に変わってしまいますので、良くありません。ですから「健康」に執着しては本末転倒なのです。そもそも、私たちは健康を維持するために生まれてきたわけではありません。それぞれ、何か課題があって、この世に来ました。ですから、日々の仕事や家事を心を込めて行い、その中から自分の課題を見つけて生きていければ、十分ではないでしょうか。

しかし、ここで忘れてはいけない大事なポイントがあります。感謝の心です。自分の身体に感謝し、家族に感謝し、仕事や日々の出来事に感謝し、地域や社会に感謝することです。その心が日本への感謝や、地球への感謝につながります。自分が関わる全ての人やものごとに感謝の心が持てれば、不平不満や怒りや心配は持ちようもありません。このようにネガティブな感情を持たないことが、自身の健康へとつながるのです。

ですから、間接的かもしれませんが、健康を意識しなくても、感謝の心を持って日々の生活をしていれば、自然と健康を維持できるのです。特に、自分の心臓の中心に感謝することが、いいようです。心臓の中心といっても皆さんはイメージしにくいかもしれませんが、胸の真ん中にエネルギーの中心があるのです。

そのエネルギーの流れの形をトーラスといいます。心臓から身体の隅々《すみずみ》に向かってグルグルとエネルギーが回っているイメージです。そうイメージしながら、感謝するのです。

「生まれた時から24時間休みなく働いてくれて、ありがとう」と。心臓は本当に働きものです。私たちが寝ている時も働いているので、ありがたいですね。

このようなお話をすると、誤解も生じてしまいます。

「では、病気をしている人は感謝が足りないのか？」と。

病気＝感謝不足というほど、人間は単純ではありません。病気にはさまざまな理由があって、生まれる前から、自分で決めている場合もあるからです。

先述したように、病気は気づきのために起きています。ですから、病気になっている人は、何かに気づくためにわざわざ病気になったのです。しかし、何に気づいたらいいのかは人それぞれなので、それは自分で感じ取るしかありません。

何も気づかないで、病院で対症療法だけをすれば、また、同じ病気になるかもしれません。たとえば、病気になって、せっかく手術までしたのに、病院で隠れてタバコを吸っている人などもいるのです。今までの生活習慣や心のあり方を何か変えていこうという気づきがない姿です。

そのような人を何度も見ていると、医療従事者として、患者さんを治療するのが本当にバカバカしくなったときもあります。「なんのために、病気になったと思っているのだろう……」と。そういう人は、何度も病気を繰り返したり、今度はもっとひどい病気になったりするかもしれません。もちろん、これはあくまでも原則論で、全ての人がそうだというわけではありません。

もし、ピンピンコロリであちらへ帰りたいのならば、まずは病気をしないことが一番ですが、もし、病気になったときは、気づきが必要です。

「今までの行動や心がけで何を変えたら、いいのだろう」と。

そして、もっとも良い気づきは「今まで、ありがとう。これからは大切にするから、よろしく頼みます」と自分の身体に感謝することです。

病気になった人もならない人も自分の身体に感謝

18

神思考

Ending

エンディングノートを書いたり、遺言書《ゆいごんしょ》を書いたりするのは縁起が悪いような気がします。それでも、終活はしたほうがいいですか?

終活はしてもしなくても、皆さんちゃんとあの世へ行けます。

最近、「しゅうかつ」というと就職活動ではなく、「人生の終わりのための活動」かもしれないので、それだけ高齢化社会になったといえます。

「終活はしたほうがいいですか?」と聞かれたら、「あの世へ行く人には関係ないので、どちらでも結構です」と答えます。つまり、終活はあの世へのパスポートではないので、終活をしなくても、きちんとあの世へ行けるのです。

しかし、現実的な話を申し上げれば、遺された家族にとって「終活」は大変ありがたいものでしょう。また、具体的に、エンディングノートや遺言書がなくても、日頃から、もしものことが話し合われていれば、遺族は困らないのです。

ご質問者さまは遺言書にも言及されているので、きっとご家族がいるのでしょう。

もし、そうであるならば、口頭で伝えることはもちろん、文字に残しておくことが親切な対応だと思います。

こういうことは、病気になってからですと、気力がなくなりますので、できれば元気なうちに意思表示をしておいたほうがいいでしょう。財産分与のことだけでなく、終末期医療やお葬式についても、元気な時にこそ、あなたのほうから子供たちに伝えたほうがいいのです。

ですから、縁起などを気にする必要はありません。もし、終活をし終わって、すぐ亡くなったら、それこそ自分で死期がわかったのですから、立派です。家族からも、褒められることはあっても、「終活をしたから、死んだのだ」とは言われません。どうぞ、ご安心ください。

私の両親は、特に遺言はありませんでした。父が亡くなって、5年後に独居《どっきょ》の母が亡くなりました。そのときに、父の遺影の前に母の友人からの年賀状が数枚置いてあって、「葉書で連絡してください」とメモ書きが残してありました。それが、母の唯一の遺言です。

幸い、兄弟仲も良かったので、実家の名義を二人にして、わずかな現金も半分に分けました。しかし、家庭によっては、兄弟で裁判沙汰《ざた》になることが少なくありません。もし、遺した子供たちにケンカをしてほしくないのなら、きちんと遺言書を残したほうがいいでしょう。

また、最初に遺族が困ることは、亡くなったことを誰に知らせたらいいのかということです。本人の交友関係を家族は知らないものです。ですから、母が私たちに残してくれた年賀状とメモ書きはとても助かりました。

その他、使っていた金融機関などもメモ書きでいいので、一覧表にしておけばいいと思います。また、その他の情報も整理しておきたいというのであれば、市販のエンディングノートを利用すれば便利です。

私はエンディングノートまでは書いていませんが、簡単な遺言書とリビングウィルは書いてあります。

リビングウィルというのは終末期の医療とケアについての意思表示です。今はさまざまな延命治療で意識のない人をある程度生かしておくことができますので、そのときが来たら、本人に意思確認はできません。そういうときに、リビングウィルは役立つのです。

詳しくは『安心して、死ぬために』に書きました。リビングウィルのひな型も載せましたので、気になる方は参考になさってください。

いずれにしても深刻に考える必要はありません。普段から、家族とよくコミュニケーションをとっていれば、文字に残っていなくても、意は汲《く》んでくれるはずです。

また、遺言書にしてもリビングウィルにしても、とりあえず書いてみて、気が変わったら、すぐ書き変えればいいだけです。毎年、誕生日に見直している友人もいます。

自分が死んだあと、どうするのかを考えるのは気が重い人もいるかもしれません。しかし、それはどう生きるのかのヒントにもなるはずです。昔の人は「私が死んだら、〇〇してください」というのは当たり前に言っていました。私たちもたまには考えてもいいかもしれません。

元気なうちに意思表示をしていれば、家族は助かります

19

神思考

Ending

まだ50代ですが、家族がいないため、終活を始めようと思います。いつか孤独死をするかもしれないと思うと、虚《むな》しさを感じてしまいます。

家族がいても死ぬときは一人です。孤独死は不幸ではありません。

終活は自分のためというよりも、遺された人たちが困らないためにする人も多いでしょう。それは家族がいてもいなくても同じです。人間は動物と違い、ただ生命的な死を迎えるだけでなく、社会的にも終わりにするために、ある程度の手続きが必要だからです。

そこで、独居の人が心配するのが、孤独死です。現在、日本には独居の人が約1900万人いると推計されていますので、実に6～7人に一人は独居なのです。私もそのうちの一人です。

家族や兄弟がいる人は、たとえ発見されるのに多少の時間がかかったとしても、亡くなっていることがわかりさえすれば、あとは誰かがなんとかしてくれます。

しかし、両親が他界し、兄弟もなく、独身の人は、自分である程度の道筋をつけておいたほうがいいでしょう。たとえば、火葬や埋葬をどうするか、住んでいた住居の処分はどうするか、いくらか資産があればそれをどうするか……。また、細かい話ですが、電気、ガス、水道、今どきは携帯も解約しなければなりません。

私は遺言書を書いて、それを友人に預けていますので、万が一のときはその友人が私の指定した弁護士に連絡してくれます。あとは遺言書の内容に従って、弁護士が処理してくれる段取りになっています。

ちなみに、私は献体登録していますので、条件が整えば火葬は指定の大学がしてくれますし、その後は共同墓地に埋葬されることになっています。

もし、本当に天涯孤独の人が亡くなった場合、死亡した場所の市区町村が火葬などをしてくれます。遺品整理や遺骨の保管も同様です。そして、最終的には無縁塚に埋葬されるのです。

それらは税金で処理されますから、結局、一人で死んでもおカネはかかるのです。そうであるなら、たとえ家族がいなくても、ある程度社会性を保って、人とつながっていたほうがいいでしょう。肉体的には一人で死にますが、社会的には多くの人の手を煩《わずら》わせるからです。

しかし、死ぬこと自体は一人でなんら問題ありません。今、世間では孤独死を問題扱いしていますが、私はそうは思いません。なぜなら、一人で家で死ぬということは、それまで一人で家で生活していたという証《あかし》です。これは褒められこそすれ、非難されることではありません。私の母もそうだったのです。

父が亡くなったあと、新富士《しんふじ》にあった家を出て、弟がいるマンションの近くのアパートに引っ越してきました。小さな部屋のアパートです。そこで最後まで自活していました。買い物へ行き、料理を作り、普通に生活していたのです。

時間の不規則な私の代わりに弟が毎日電話をしていましたが、たまたま電話をしなかった日に母は風呂場で倒れたのです。発見が3日後で、私は少し悔やみましたが、母としては大満足だったと思います。介護や入院とは無縁のまま、他界したからです。

独居で心配な方は、家族や友人と毎日連絡を取り合うなどしていれば、万が一のときに、時間がかからず発見されます。しかし、もし、時間が経ってしまっても、あなたの魂にはなんの問題もありません。脱いだ服が少々傷んでしまうだけなのです。もちろん、特殊清掃のお世話になるのは忍びないので、私もそこそこの時間で見つけてほしいとは思いますが……。

そして、家族と同居していたとしても、亡くなるときは一人なのです。たとえ、家族に見守られ、手を取られていたとしても、肉体を脱いで、あの世へ帰るときは誰しも一人なのです。ですから、「孤独死」という言葉が独り歩きをして、独居の人の不安をあおっていますが、なんの心配もありません。逆を言えば、誰もが孤独に死ぬので、特別なことではないのです。

そして、淋しくもありません。あなたにとって懐かしい人が迎えに来るからです。亡くなった両親かもしれませんし、配偶者や友人、もしかしたら、飼っていたペットも迎えに来てくれるかもしれません。

死は終わりではありません。こちらからあちらへ移行するだけなのです。楽しみに待っていてもいいようではありませんか。

孤独死はそれまで一人で生活していた証で、立派なことです

20

神思考

Ending

生活保護で暮らす70代です。金銭的に厳しいのですが、人並みに葬式をあげてもらいたいと思うのは古い考えでしょうか?

葬式をあげてもらわなくても、きちんとあの世へ行けますから、安心してください。

ご質問者さまは70代ということだけで、家族構成はわかりませんが、もし、家族がいるのであれば、家族と話し合うことが大切です。しかし、生活保護を受けていらっしゃるということですから、配偶者はいても子供はいないのかもしれません。あるいは独居かもしれません。

人並みにお葬式をあげたいという人情はわかりますが、現実的に厳しいのなら、きれいさっぱり諦めて、そこで悩まないほうがいいでしょう。悩んで何か策が思い浮かぶならば、考えればいいのですが、策がないのなら仕方ありません。

でも、安心してください。葬式をしてもしなくても、皆さん平等にあの世へ行けます。おカネがあってもなくても、関係ありません。あの世に持っていけるものは魂一つなのですから……。

　そもそも、葬式というのは残されたもののための儀式だと思います。私の友人で、葬儀社を営む一条真也《いちじょうしんや》さんが次のように言っていました。

「お葬式はなんのためにあるのか。一般的には、社会的な処理、遺体の処理、霊魂《れいこん》の処理、悲しみの処理の四つの役割があるとされています」と。

　これらの役割はいずれも遺族が果たすものです。葬式に仏教や神道《しんとう》などが介在するのも、遺族が死者の霊魂とどう向き合うかが問われているからです。つまり、霊魂の処理さえも遺族の問題なのです。

　ですから、こういっては失礼かもしれませんが、家族や友人がいないのなら、葬式は不要なのです。亡くなったら、魂になったあなたは肉体を脱いで、自由に飛び回っていることでしょう。葬式のことは忘れていると思います。

　話は少しそれてしまいますが、今はあまりにも親子の関係が希薄《きはく》になってきていると思います。昔でしたら、離れて暮らしていても、仕送りなどして親の面倒は子がみていました。しかし、今はそれが敵《かな》わないほど、子供世帯に余裕がないのでしょう。

下手をすると親のほうが子より所得が高い場合もありますし、インフレ時代に働けた世代はそれなりに資産もあるかもしれません。いずれにしても、子が親の葬式代にも困る時代になってきたのかもしれません。

地域によっても違いますが、今は葬儀の平均は200万円前後といわれています。その内訳は通夜、告別式、火葬代、飲食、寺院へのお布施《ふせ》などです。確かに少なくない負担なので、最近は簡素に家族葬など行う人が増えています。

私自身も、両親と弟を見送っていますが、いずれも家族葬にしました。故人の意思を尊重したのですが、私自身も盛大な儀式を好まないからです。それでも、いくらかの費用がかかります。

昨今、火葬のみをする直葬《ちょくそう》も増えているそうです。そうすれば、最低限の費用で済むからです。しかし、菩提寺がある人は一つ注意が必要です。法要をしないと、お墓に入れてもらえなかったという話もあるからです。また、費用の節約として、葬儀社が勧める別の僧侶に法要してもらった場合も同様です。既にお父様がお墓に入っているのに、お母様の法要を依頼しなかったら、納骨を断られる場合もあるようです。

葬式は残された家族のために行う儀式で、やり方は人それぞれです

昔は、お寺と金銭の相談をするのはタブーでしたが、今は率直にお話しされたらいかがでしょう。「お布施はお気持ちで」という時代ではありませんから、普通はいくらなのか、自分はいくらしか払えないのか、相談されたらいいと思います。

また、葬式はしないけれど戒名《かいみょう》だけはつけていただく、四十九日法要だけはするなど、自分ができる範囲で供養されればいいと思います。いまは「人並み」ではなく、「人それぞれ」のやり方、考え方があります。

また、遺族がいなく、財産もない場合は、死亡地の市区町村が火葬などをしてくれます。ですから、火葬・埋葬までは最終的にはどうにかなります。どうぞ、心配しないでください。

葬式の心配をするより、生きているうちに人との付き合いを大切にして、楽しい時間を過ごしてください。

神思考

21
Ending

年金だけでは生きていけない気がします。老後までに2000万円も貯められないでしょうし、とても不安です。

自助、共助を目指し、公助は最後にあてにしましょう。

ご質問者さまの年齢はわかりませんが、老後が不安という人は老若男女に広がっています。金融庁の報告書に端を発した「老後は2000万円の貯金が必要」という話も、もちろんマイナスに広がって、多くの人が不安な気持ちになりました。

ちなみに、この報告書の結論は「だから資金運用をしましょう」という証券会社のような宣伝文句なのです。いずれにしても、国民にとってはインパクトがありました。

このニュースが流れた直後、街頭インタビューで「年金も足りないだろうし、あまり長生きしたくない」と若い女性が答えていました。命に執着しないのは立派ともいえますが、それにしても動機が残念です。

このように、若者が国の将来に期待が持てないのは我々世代の責任ですが、敢《あ》えて苦言を呈すれば、どのような時代だろうと、政府に責任を押し付けてはいけません。そのような国を作っているのは、私たち一人ひとりの国民だからです。

そして、どのような時代でも、政府に依存せず、自立して生きていかなければいけません。もっと言えば、国の支え手にならなければいけないのです。「年金」という制度が整ったのも戦後の昭和36年で、その歴史はまだ60年程度です。

それまでは、身体が動く限り働くのは当たり前でした。そして、働けなくなったら家族や地域が支えたのです。国からのおカネをあてにしていた人は少なかったでしょう。

では、年金がなかった時代の日本人は「将来が不安だ」と思っていたでしょうか?　もちろん、戦争中はそれどころではありませんから、まず自分も国も生きるか死ぬかで必死です。今、必死に生きているので、当然将来の不安なんて、持ちようがありません。将来のことを考えるほど、余裕はなかったと思います。

戦争がない時代はどうでしょう?　戦前の日本人は現代人より「中今」を生きていたように思います。「今」に意識を合わせれば、将来に不安を持ちようがありません。そして、「今」できることをして、自分で自分を助けていたのではないでしょうか。いわゆる自助の精神です。

そして、家族や近隣の人たちとも協力して、共助社会を作っていたように思います。「お互い様」や「おかげ様」という言葉があるのは、共助社会が機能していた証拠です。年を取ったり、病気や怪我をしたりしたときは、家族や近隣の人が助けてくれました。

今は一部の地方を除《のぞ》いて、共助が希薄になりました。特に、都心部では隣に誰が住んでいるのか、知らない場合もあります。ですから、何かあったときは、すぐに公的支援を求めざるを得ないのです。

場合によっては、子供や兄弟がいるのに生活保護を受けている人もいます。ここではその善し悪しを論じませんが、やはり、順番としては自助→共助→公助だと思います。

まずは、健康に留意して、死ぬ日まで、自立して生活することを目指されてはいかがでしょう。そして、もし、家族や友人がいるのなら、その人たちとの関係を良好に保つことも重要です。将来に不安がある人は、たいてい家族と上手くいっていなかったり、縁を切っていたりします。

今からでも遅くはないので、家族とはたとえ離れて暮らしていても助け合える状況を作ったほうがいいでしょう。もし、私のように家族がいない人は友人や近隣の人たちとの関係性を大切にすればいいと思います。

もちろん「何かあったときは助けてください」というような下心は不要ですが、普段から、単純に自分ができることは、すればいいのです。

この世は自分が出したものが返ってくる原則があります。自分が人をたくさん助けていつも朗らかにしていれば、そのエネルギーは時間差であなたに返ってくるでしょう。ですから、老後までに2000万円貯めることを目標にするよりは、どれだけ人に親切にしたか、徳の貯金をすればいいと思います。そして、いつもニコニコ幸せそうにしていれば、幸せが返ってきます。

おカネの心配より、中今に生きて、感謝を貯金しましょう

22
Suicide

自殺をすると成仏《じょうぶつ》できないと聞きますが、心身が本当につらいときは、死んだほうが楽な場合があると思います。それでも、自殺はダメですか？

神思考

自殺をして一番後悔するのは、あの世へ行った自分です。

寿命というのは自分で決めてくるといわれていますから、自殺は別のパラレルワールドを選んでしまうことなのかもしれません。

生まれてくる前に、自分の寿命とテーマを決めるということは、自分で作った人生ゲームをプレイしているといえます。ただ、そのときどきに自由意志を使ってさまざまな選択をしますので、決まっているのは大枠だけです。

自殺という選択は「振出しに戻る」ことと同じなので、「あがり」ではありません。せっかく、ここまで進んで、ゴールはもう少しだったのに、なぜ振出しに戻ってしまったのか、一番後悔するのはゲームを作った自分ではないでしょうか。

しかし、古今東西さまざまな動機で、自殺された方はいます。タブーを犯したので、地獄行きか？　というわけではありません。自分自身で深く反省しますので、その気持ちが地獄かもしれませんが、地獄という場所があるわけではありません。また、成仏という意味が、高次元へ行けるかどうかということであれば、皆さんここより高い次元へ帰れます。

ときどき、この低い次元に物質化してでてくる幽霊《ゆうれい》というのは、成仏できなかったというより、自分で意識を落としているのだと思います。たとえば、誰かに恨みがあるとか、誰かのことが心配だとか……。本当はそんなことを考えなくてもいいのだと気づけば、一瞬にして高次元へ戻ります。つまり、成仏します。神様仏様が誰かの成仏を止めているのではなく、自分で気づくかどうかです。これは、生きているときも同じですね。

そして、自殺は時代や動機によっては致し方ない場合もあります。明治以前の時代では、切腹が武士の責任の取り方として認められていました。また、西南戦争の責任をとって自刃した西郷隆盛の場合などは、歴史の流れとして致し方ないものがありました。

ですから、何ごともそうですが、「自殺はダメ」と単純化することはできません。それでも、動機によっては自分がとても後悔します。

また、あの世とこの世のメカニズムをご理解いただければ、急ぐ必要はないというのが答えです。私も帰れるものなら、早くあちらへ帰りたいですが、それはゲームを途中でやめたことだと知っているので、それをしないだけなのです。

日本の自殺者数は年間約2万人です。毎日50人以上の人が自ら命を絶っているということは由々しき問題です。しかし、デフレが始まった1998年から2011年までは3万人以上で推移していました。つまり、東日本大震災以降、自殺者数は減り続けているのです。

東日本大震災は日本人の意識を大きく変えました。もちろん、亡くなられた方や被災された方も多いので、「良かった」とは言えません。しかし、多くの日本人が本来の強さや優しさを取り戻すきっかけにはなりました。暴動も起きず、礼儀正しく並んで配給を待つ姿が、世界中の人の心を打ったのです。

私の友人にも東日本大震災以降、通っていた心療内科に行くのをやめた人がいました。仕事や人間関係で行き詰まり、薬を処方してもらっていたそうです。しかし、あの大惨事を目の当たりにして「自分の個人的な問題で悩んでいるのが恥ずかしい」と思ったそうです。

世の中には生きたくても生きられない人がたくさんいます。ですから、きつい言い方にはなりますが、自殺を考える人は、それだけ余裕があるのです。それこそ、津波が来たら、高台へ逃げる。地震が来たら、なんとか安全な場所へ避難する。食べ物がなければ、お腹が空いても我慢する。こういうことに直面している人は自殺を考えないでしょう。

ですから、昔から言われていることですが、つらいときは「世の中には、自分よりもつらい人がいる」と考えたらどうでしょう。

いずれにしても、自分が後悔しないように、お迎えが来るまで、この世にいてください。

本来の日本人は強くて優しい

23

Suicide

神思考

評論家のNさんが入水《じゅすい》自殺をしいました。
Nさんや三島由紀夫さんのように
「自分の死を理想的なものにしたい」と思うことはおかしいですか？

過去生で何回も死んでいるので、今回の死に方にこだわる必要はありません。

ご質問に対する私の回答は、魂は生き通しで、あの世とこの世を行ったり来たりしているということが前提です。ですので、お答えとしては、「今まで何回も死んでいるので、今回の死に方にこだわらなくてもいいと思います」となってしまいます。ふざけたようなお答えで、恐縮ですが、本当ですから仕方ありません。この地球だけでも何回も生まれてきている人も多いでしょう。

それこそ、縄文時代は戦争こそありませんでしたが、狩猟のときに動物に襲われて死んだかもしれません。戦国時代には弓に射たれて死んだかもしれませんし、飢《き》饉《きん》のときに餓死したかもしれません。うっかり崖から落ちて死んだかもしれませんし、恋人に刺されて死んだかもしれません。もう、何回も死んでいるのです。しかも、時代や国によって死に方もいろいろあるでしょう。

私の友人で、原爆で死んだときのことを覚えている人がいます。痛いとか熱いとかはなく「ただ光の中へ帰っていった」と言っています。もちろん、遺された体、つまり遺体はひどく焦げていたり、悲惨だったりしますが、魂にはなんの傷も残らないのです。むしろ、肉体を脱いで、自由に飛び回っているのです。

死とは肉体を脱いで、魂に戻ることです。つまり、死に方とは肉体の脱ぎ方なのです。

ですから、「自分の死を理想的なものにしたい」としたNさんは、申し訳ありませんが、ひょっとして魂の本質をご存じなかったのでしょうか。一方、三島さんをNさんと同じように論じるのは少し違うと思います。なぜなら、三島さんの場合は死に方にこだわったというよりは、自分の命を日本人の目覚めのために使いたかったという動機があったからです。

いずれにしても、死に方とは肉体の脱ぎ方であり、あの世への帰り方です。帰り方は四通りで、①病気（老衰を含む）、②怪我、③他殺、④自殺です。

私たちは老衰を望みますが、それはそれで結構大変です。90歳や100歳まで生きると、足腰は弱って、目も耳も歯も悪くなります。もちろん、長寿というのは素晴らしいことですが、不便なことも多くなるのです。

ですから、老衰が勝ちで、事件や事故で亡くなるのは負けというわけではありません。誤解を恐れずに言えば、たとえ通り魔に殺されても、それはその人の寿命だったのです。津波で亡くなったのではなく、亡くなるタイミングで、津波に襲われたといえるでしょう。

しかし、このように考えれば、遺族はかえって救われるかもしれません。自分で決めた寿命の時に、肉体を脱いで、あの世へ帰って行ったと思えば、悲しみはいつか癒えるのではないでしょうか。ですから「魂は生き通しで、この世とあの世を行ったり来たりする」という考え方は仮説でもいいのです。私たちが楽に生きられる仮説を選択すればいいと思います。

最後に苦言を呈すれば、Nさんは、自殺は自殺でも、一人で決行したわけではありませんでした。人に手伝わせたのです。法律的に言えば、その人は自殺ほう助で罪に問われます。そこまで人に迷惑をかける死に方は感心しません。まさに、あの世へ行ってから、後悔されているのではないでしょうか。

「なんだ！　死ねないのか!?」と。

ですから、死をもって生きている人に何かを訴えることはできますが、自分自身の魂を終わらせることはできません。

魂は続くという話によって必ずしも、心の安寧《あんねい》を得られるわけではありません。

私が友人にこのような話をしたら、その人は急に今までのことを懺悔《ざんげ》し始めました。

「この世での経験を全部持って帰るなんて、恥ずかしい～」と。

私たちは毎日、品行方正に暮らしているわけではありません。ただ、後悔や心配を少しでも減らして、心地よく生きていけばいいのです。

死に方の心配をしたり、こだわったりしている時間があるのなら、少しでも目の前のことを楽しんで時間を過ごしましょう。

死に方とは肉体の脱ぎ方であり、あの世への帰り方です

24
神思考
Suicide

職場でいじめに遭っています。僕が死んでも、悲しむ人は誰もいないと思います。それでも、生きなければいけませんか？

目の前の困難から逃げて死を選ぶと、あなたは来世でもう一回同じテーマにチャレンジするでしょう。

残念ながら、古今東西、いじめというのは存在しています。私が小学生の時代もいじめっ子といじめられっ子はいました。しかし、昨今の職場や学校でのいじめは悪質化していると聞いています。ネットでの中傷も含め、昔とは被害の広がり方も違うのかもしれません。

被害の内容と程度に差はあれ、いじめの構造というのは実は同じです。被害者意識を持つ人がいじめられ、加害者意識がある人がいじめるのです。こういうと、被害者にも落ち度があるように聞こえるかもしれませんが、善し悪しで言っているのではありません。全ては意識の投影という原則論からお話ししています。

これはいじめに限りませんが、自分が体験する現実というのは自分の意識が作っているのです。たとえば、いじめを通り越して、犯罪被害にあったとしても、それは自分の意識の投影なのかもしれません。もちろん、自分になんの落ち度もなく、10対0で相手が悪いとしてもです。

自分の意識という中には、自分で認識できる顕在意識だけでなく、自分が気づかない潜在意識も含まれます。たとえば、親から抑圧されて生きてきた人は「自分は力のない存在で、他人からいじめられても仕方がない」と心の奥で思っているのかもしれません。そして、その意識がいじめという現実を生んでいるのかもしれません。

しかし、これは学びのチャンスでもあります。もっと言えば、あなたがこの世に生まれて来る前に、設定した学びのテーマかもしれません。

たとえば「前世では人をいじめて、後悔した。今度生まれて来るときは、いじめられる人になって、人の痛みを学ぼう」と思っているかもしれません。あるいは「いじめられて、自殺したいほどつらくなる。でも、それを乗り越えて、強くなる」と決めているのかもしれません。

いずれにしても、自分で設定したテーマなのです。

この話が信じられなくてもいいのです。でも、もしそうだったら、一つ結論があります。それは、自殺をしたら、自分で決めたテーマを途中でやめてしまうことになるのです。そうしたら、誰が一番悲しみますか？　他人ではなく、あなた自身なのです。

そして、もう一回同じテーマで学ぼうと、チャレンジするはずです。

ご質問では職場でいじめに遭っているとのことです。毎日、起きるのはつらいし、ましてや職場に通勤するのも気が重いでしょう。でも、死ぬほどの勇気があるのなら、他に選択肢は無限にあります。

たとえば、いじめられていたというのは錯覚で、何も問題がない職場をイメージしてみてください。そして、全く意に介さず「おはよう！」といじめている相手に言ってみる。そのときの相手の反応は気にしないで、自分の対応だけを変えてみるのです。

あなたの潜在意識から「被害者意識」というものが完全に消えるまで、多少の時間はかかるかもしれません。それでも、行動を変え、意識を変えることによって、現実も少しずつ変わってくるのです。

仮に、意識が１００％、一瞬で変わったとしたら、あなたが行動を何も変えなくても、現実は変わっているかもしれません。それぐらい、現実というものは固いものではないのです。

現実がつらいから死ぬという結論は、あの世がない前提ではないでしょうか。あの世があると思うなら、なぜ生まれてきたのかということに気づかなければいけません。

もちろん、一人ひとり設定したテーマや課題に違いはありますが、一つの共通点があります。それは、意識の進化のためです。魂の成長のためです。

つらい毎日を過ごしている人には、そんなことを考える余裕もないかもしれませんが、厳しい現実を体験している人はそれだけ、チャレンジャーなのだと知ってください。

意識が100%変わったら、現実も変わっているかもしれません

25
神思考
Suicide

会社は倒産し、妻も病気で他界しました。子供もいないので、生きていく理由が見つかりません。

歴史を振り返ったり、他国を見たりすれば、今の私たちが恵まれていることがわかるでしょう。

会社が倒産し、配偶者が病死……。ご質問者さまは確かに、波乱万丈な人生を過ごしていらっしゃいます。普通に仕事をして、家族がいる人を見ると、なぜ自分だけがこんな目に遭うのだろうと、運命を呪《のろ》うかもしれません。

このような方には二つのアプローチからお答えをさせていただきます。まず、一つはほんの75年前まで、日本は戦争をしていたということです。戦国時代の話ではありません。私たちの親や祖父母の時代です。

特に、広島、長崎には原爆が落とされ、それぞれ14万人、7万人の方が亡くなりました。

東京も空襲《くうしゅう》により10万人以上の人が亡くなっています。先の大戦では非戦闘員を含め約300万人以上の人が犠牲になっているのです。東日本大震災と比べては不謹慎かもしれませんが、あの地震と津波の被害者の150倍以上なのです。

それでも、その後、戦争で生き残った人たちが日本の復興に携わり、高度成長期と呼ばれる好景気を実現しました。

そして、戦争からわずか19年後には、新幹線を走らせ、高速道路を作り、オリンピックを開催したのです。

これらの仕事を成し遂げたのは戦前の明治・大正から戦中生まれの人たちです。彼らは家族や仲間を戦争で失った世代です。だからといって、そこで止まるわけにはいかなかったのです。

生きるために働き続け、結果として日本を復興させました。彼らは生きる意味など探す余裕もなかったのです。

生き残ったものの務めがあっただけです。「生き恥をさらす」とも言っていました。家族や仲間が日本のために亡くなった。死に損なった自分は、彼らの分まで生きなければ、申し訳が立たなかったのです。

戦争が終わったあと、すぐに平和になったわけではありません。7年間は米国に占領されていましたし、上野駅付近には戦争孤児がたくさんいたのです。今のように福祉が整っていませんでしたので、子供ですら働いてお金を稼いだのです。

もし、あなたがその時代にタイムスリップしたら、どう思いますか？　早く、現代に戻りたいと思いませんか？　今は、仕事を失敗しても、やり直すチャンスもありますし、どうしてもダメなら、福祉に頼ることもできるのです。

また、他国を見ることも参考になります。日本のように安全で恵まれた国はありません。自然が豊かで、仕事もたくさんある。国によってはまだ争いが続いているところもあるのです。75年前、日本人が空襲に怯《おび》えたように、いつ飛んでくるかわからないミサイルに怯えて暮らす人もいるのです。

さらには中華人民共和国や朝鮮民主主義人民共和国のように、言論の自由がなく、常に監視されている社会もあるのです。そのような国で生活してみたいですか？　日本では、反対に、何を言うのも何をするのも自由なのです。それだけで、天国のような社会ではありませんか。

私は常々、魂からのお話をさせていただきますので、今回も、そのアプローチでお答えすることもできます。つまり、その困難は、あなたが設定してきたテーマで、あなたは勇敢なチャレンジャーなのだと。

しかし、魂の話を持ち出さなくても、論理思考で解決できることもあるのです。

つらいと思ったら、歴史を振り返る。これはタテ軸で見た、視点の変化。

そして、他国を見る。これはヨコ軸で見た、視点の変化。

人間は思い悩むととても視野が狭くなります。その時に、あなたが直面している現実からほんの少しだけ顔を離し、視点を広げてみるのです。

私は普段は他人と比較したりしませんが、自分が困難を感じたとき、それより大変な場面を想像してみます。すると、今がとてもありがたく感じるのです。

私たちは生きていく意味なんて、なくていいのです。ただ、さまざまな体験をして、魂を成長させるために、この世に来ているのですから。

思い悩んだときは、タテ軸とヨコ軸で視点を広げてみる

26

Life&Death

神思考

今をストレスなく生きても、
死んだら無になるのが虚しい。
そもそも人は死ぬのに頑張る必要はあるのか?

死んでも無にならないほうへカケてください。気持ちが楽になる仮説を信じるほうがお得です。

日本は戦後、唯物論《ゆいぶつろん》の人が増えました。そういう人は、目に見えないものは信じないので、人間は死んだら無になると思っているようです。団塊の世代の人はもちろん、昭和一桁生まれの私の知人も「死んだら無になるに決まっている」と言っていました。

もちろん、思想信条の自由がありますし、どのような死生観をもっても自由です。でも、どうせ自由なら、自分が楽になる思考を選択したほうがお得だと思いませんか。Aコースでも Bコースでもあなたの選択次第です。Aコースを選んで虚しいのなら、是非、気持ちが楽になるBコースを選んでほしいのです。

「天国があるかないか」で有名な話があります。まず、考え方2×結果2で4パターンあります。

①　天国があると思って、幸せに暮らして、死んだら天国へ行った
②　天国があると思って、幸せに暮らしたけど、死んだら天国はなかった
③　天国がないと思って、虚しく暮らしたけど、死んだら天国へ行った
④　天国がないと思って、虚しく暮らして、死んだら天国はやはりなかった

皆さんは①〜④でどれがいいですか？　もちろん①ですね。②と③はどちらがマシか迷うかもしれません。私たちはこの三次元に今生きているので、やはり、今がより良いほうを選びたくなります。ですから、やはり③より②がいいと思いませんか？　④はただひたすら虚しいのです。

ですから、答えは簡単です。①か②を選ぶために、「天国がある」というほうにカケませんか。そうしたら、ケセラセラで毎日を楽しむだけです。

もし仮に、今困難に直面していても、それはこの世でのゲームです。あの世へ行けば、天国のように素晴らしい世界が待っているのです。しかし、だからといって、自分で決めた寿命を全うせずに、自ら死を選んではいけません。先述したように、

自殺は自分の課題をやらずに、この世を途中下車するようなものです。あの世へ行ってから、後悔するのは自分です。

私はときどき自分の身体が重く感じて、「早くあちらに戻りたいな」と思うときもありますが、それはたんなる戯言《ざれごと》です。そのときが来るまで、戻れないのは重々承知しています。

もう一つのご質問は「そもそも死ぬのに頑張る必要はありますか？」ということでした。それに対しては「頑張る必要はありません」とお答えします。なぜなら、その文脈で使われている「頑張る」には、重たいエネルギーを感じるからです。

もちろん、頑張る、努力するということは素晴らしいことです。しかし、どういうエネルギー（心持ち）でいるのかということがもっと大切です。たとえば、仕事でもスポーツでも、何か上達したくて、夢中で取り組んでいる時は、とても良いエネルギーで頑張っています。しかし、そもそもやりたくもないのに、自己犠牲を払ってまで、何かを頑張らなくてもいいのです。

そうは言っても、子供たちのために働かなければいけないとか、病気を克服しなければならないとか、差し迫った状況の場合もあります。そういうときは「中今」

に生きて、今に意識を合わせてください。無理やり明るくする必要もないのです。

ただ、力を抜いて、今を生きればいいのです。

ですから、少しでも余裕がある人は、自分の魂が喜ぶことをしてください。それはそんなに難しいことではなく、公園へ行って草花を見るぐらいでも十分なのです。

魂が喜べは、それは魂の成長につながります。

もちろん、苦労を乗り越えた場合も魂の成長につながりますが、進んで苦労を背負う時代ではありません。

今は令和です。新しい時代です。心がワクワクすることを選択して、魂を成長させることができるのです。

重たいエネルギーで頑張る必要はなく、魂が喜ぶことをして成長していきましょう

27

神思考

Life & Death

今、新婚で幸せです。でも、もし旦那様が死んだらと想像すると、ストレスで心が大きく乱れます。

幸せを感じられることは素晴らしいです。せっかく未来を想像するなら、実現したい楽しいことを考えてください。

まず、ご質問者さまが「今、幸せです」と断言できるのは素晴らしいことです。たとえば、街頭インタビューで老若男女100人に「あなたは今、幸せですか?」と尋ねたら、何人の人がこの方のように断言できるでしょう?

世界幸福度ランキングというものがありますが、日本は少しずつ順位を下げて、昨年は韓国やタイより低い58位でした。もっとも、この順位もあてになりませんが、日本人は他国より自己肯定感《じここうていかん》が低く、実感よりも低めに答える傾向があるのかもしれません。

また、フィンランドやデンマークなどの北欧がトップ10のうち半数を占めていますが、それらの国は、麻薬患者が多いことでも知られています。ひと言で幸福といっても、人や国や時代によっても違ってくると思います。

しかし、共通して言えることがあります。それは、幸福とは条件ではなく、発見ということです。

つまり、配偶者がいる、収入が安定している、健康であるなどは条件でしかありません。その条件が揃っていても、不幸と感じている人はたくさんいます。

逆に、パートナーがいない、収入も不安定、病気をしている人でも、心が豊かで幸せを感じている人もいるのです。

幸せは青い鳥と一緒で、求めていると永遠に手に届きません。逆に、些細《ささい》な日常からさまざまな幸せを発見することができるのです。

朝、目がさめたこと。呼吸ができたこと。雨の日には雨のありがたさ、晴れの日には太陽のありがたさ。家族がいてくれること。コーヒーを飲んだら、美味しかったこと。これらは全て、かけがえのない幸せです。

質問者さまは新婚ですから、なおさらでしょう。きっと自分の人生にとって大切な人と結婚できて、一緒に時間を過ごすことが何よりも素晴らしいと感じているのだと思います。その一瞬一瞬を大切にして、まさに「中今」に生きてください。

しかし、ご質問では「旦那様が死んだらと想像する」とおっしゃっています。それは本当に無用な想像だと思います。「想像力は創造力」といわれています。あなたの想像が実現化してしまいます。

脅《おど》かしているようで、申し訳ありませんが、そういう可能性もあるので、なるべくネガティブなことを考えないことです。

やめようやめようと思って、余計に考えてしまうかもしれません。そんなときは身体を動かしてください。スポーツクラブなどに行かなくても、一生懸命掃除をするとか、エレベーターを使わないで、階段を速く上《のぼ》るとかなんでもいいのです。

昔から「下手の考え休むに似たり」と言われています。まだ、休みになっているのならいいですが、ストレスになってしまったら本末転倒です。

私も子供の頃、変なことを言ったりしたら、母に「掃除でもしてなさい」とたしなめられたものです。

掃除は本当にお勧めです。毎日やっても、毎日汚れるので、心を落ち着かせるにはとてもいいと思います。部屋の汚れを落として、自分の心の汚れも落とすのです。

「なぜ、私はこんなくだらないことを考えてしまうのだろう」と自分を責める必要もありません。部屋だって、きれいに使ってもどこから来たのか、ホコリが溜まります。それと同じで、心も毎日きれいにすればいいのです。

ネガティブなことを考えたら、掃除をする、身体を動かす。単純なことです。

もし、どうしても将来のことを考えたいのなら、楽しい未来を設計してください。今に軸を置いて、そこから未来を考えるのです。あなたの前にはさまざまなパラレルワールドがあります。

楽しい場面を選ぶのも、苦しい場面を選ぶのもあなた次第です。あなたは毎瞬毎瞬選択を繰り返しています。その責任はあなたです。責任というと重くなるかもしれませんが、あなたに選択権があるのです。

その選択権をフルに使って、楽しい未来を選択してください。

どうしてもネガティブなことを考えてしまったら、掃除でもしてください

28
神思考
Life & Death

私は120歳まで生きたいと思っています。
そのための習慣を教えてください。

生きている時間の長さではなく、質にこだわりましょう。質を高めるには感謝力が大切です。

戦後、日本人の平均寿命はどんどん延びて、私が生まれた昭和30年代の平均寿命は男性は60歳代、女性は70歳代でした。2019年のデータで見ても、今は男性で81歳、女性は87歳で世界でもトップクラスの数字です。一方で、人間はどこも機能がおかしくなければ、120〜150歳まで生きられるという人もいます。ちなみに、ギネスの記録ではフランス人女性で122歳まで生きた人がいます。ですので、120歳というのは決して不可能な数字ではありません。

しかし、数字より大切なことがあります。いつまで健康で、自立して生活できるかではないでしょうか。120歳まで生きたけれども後半の10年は寝たきりなのと、最後まで自立して生きて、80歳で亡くなるのとどちらを選びますか？　もちろん、どちらでも心さえ豊かなら、幸せに暮らせますが、自立はとても大切だと思います。実際に、日本人の健康寿命はそんなに長くありません。男性で72歳、女性で75歳、寿命とのギャップはそれぞれ9年と12年あります。ですから、現在の平均寿命にしても、そんなに自慢できる数字ではないのです。

現に、世界では寝たきり老人が少ないのです。高度な救命処置がとられないからかもしれません。日本がそれだけ皆保険により、医療や介護に恵まれているのでしょう。しかし、それが本人にとっても、家族にとってもいいことなのかはわかりません。ですから、長生きを目指すことは良いことですが、言うまでもなくそれは長さではなく質のほうが大切です。

では、人生の質を上げていくにはどのような習慣がいいでしょう。それは今、生きていることに感謝し、自分の周りにも感謝していくことです。

実際に長寿の人には共通点があります。ニコニコと穏やかで幸せそうなのです。そして「ありがたい」が口癖になっているのではないでしょうか。そして、「ご長寿の秘訣は？」と聞くと、たいていの人は「クヨクヨしないこと」とおっしゃいます。私はそのようなインタビューを聞くと「ああ、やはりそうか」と納得します。ですから「ありがたい、ありがたい」と言って食べれば、何を食べても健康にいいのです。さらに言えば、お酒もタバコもたしなむご長寿もいるのです。

他人に迷惑が掛かるので、私はタバコだけはお勧めしませんが、それでもご長寿の人はいます。要するに、何を食べるかとか、どういう運動をするかではなく、感謝力という心持ちが一番大切なのです。

ここで疎かになりがちなのが、自分に対する感謝です。自己肯定感が低い人は自分に感謝できないかもしれません。そういう人は自分と身体を分けて考えたらどうでしょう。自分の魂を乗せてくれている身体に感謝するのです。

たとえば、右手をじっと見てください。そして、自分と右手を切り離して考えてみるのです。いつもペンを持ってくれる、箸も持ってくれる。最近はスマートフォンをよく持っているかもしれません。自由自在に動いて、さまざまなモノを私のために持ってくれて、文句も言わない。手一つを取っても、こんなに素晴らしい働きをしてくれているのです。目や口もそうです。まして、心臓はどうでしょう。胃や腸など、特に臓器は24時間営業です。でも、私たちは24時間、感謝し続けることは難しいので、せめて、目が覚めた時、風呂に入っている時、夜眠る前、どこかのタイミングで、一日一回でいいので、感謝を伝えてください。

「毎日、動いてくれてありがとう」と。

年を取れば、さまざまな機能が低下してくることはありますが、間違ってもそれに文句を言ってはいけません。「昔はもうちょっと動いたのに」と身体に恨みを言うのは筋違いです。

さまざまな無理を聞いて、今日まで自分に付き合ってくれているのです。衰えた自分の身体に対しても「いつもいつも、ありがとう」しかありません。

自分に感謝できたら、自分の周りです。家族に感謝。自分の周りにあるモノにも感謝。洋服や食器にも「よく私のところに来てくれた」と感謝してみてはいかがですか。そして、関わる人全てに感謝。地域に感謝。日本に感謝です。

自分に感謝できたら、自分の周りのヒト、モノ全てに感謝しましょう

29

神思考 Life&Death

天国と地獄はありますか？もちろん、天国へ行きたいのですが、どうすればいいでしょうか？

天国と地獄は場所ではなく、あなたが映し出す景色に過ぎません。

天国と地獄という言い方はキリスト教から来ています。仏教では地獄に対する言葉は極楽《ごくらく》と表現します。いずれにしても、宗教では悪い行いを戒《いまし》め、それを抑止するために「地獄」があると説きました。

いくら抑止するためとはいえ、幼い子に「悪いことをすると地獄に落ちるよ」というような表現を使うことは感心しません。なぜなら、それは脅迫《きょうはく》によって行動を制限しているからです。

私たちが何かをしたり、しなかったりする動機というのは、自分の自由意志によるものだと思います。脅されてしぶしぶ従うという行動は、魂の成長になりません。また、自分自身の選択でないと、とかく言い訳がでてくるものです。

さて「天国と地獄はありますか？」という質問に対しては、半分イエスで、半分ノーと答えます。

つまり、天国と地獄というのはあの世にあるどこかの場所ではなくて、あなた自身が映し出している景色なのです。

たとえば、あなたが愛と調和のエネルギーでしたら、同じような仲間がいる場所に帰りますし、反対に、あなたが不平不満でいつもイライラしていたら、同じような仲間がいる場所へ帰るのです。ですから、あくまでもあなたが出しているエネルギーが帰る場所を決めるのです。

有名なたとえ話では、「長い箸の話」があります。地獄では長い箸のせいで食事ができず、皆イライラしている。天国では長い箸を使って自分の前にいる人に食べさせているので、皆お腹いっぱいで幸せ。つまり、類は友を呼ぶのです。

どうでしょう？　自分と同じような人がいっぱいいる世界は？　もし、それが嫌なら、今日からすぐ自分を変えてください。

「この人と一緒にいると心地いい」と自分が思っている人に、自分がなるのです。いい人がいっぱいいる世界に帰りたかったら、自分がいい人になるしかないのです。

これは「地獄があります」というような脅かしではありません。自分が出しているエネルギーが心地良ければ、まず自分がリラックスできます。誰といなくても、何をしていなくても、自分一人でリラックスできるのです。天国へ行きたかったら、まずこの世であなた自身が天国を作るのです。

この世に不平不満がある人は、あの世でも不平不満を言うでしょう。この世で、周りに感謝して、ときどき冗談を言って笑っているような人は、あの世でも笑っているでしょう。

実に、シンプルな法則なのです。

ここで、皆さんに朗報です。この法則に過去は関係ないのです。

私たちは長い人生の中で、人を裏切ったり、ウソをついてごまかしたりしませんでしたか。私も必ずしも人に喜ばれることばかりをしてきたわけではありません。こちらの配慮が足りなくて、恨まれたことも一度や二度ではありません。

走馬灯のように人生をレビューしたら、目をふさぎたくなるような場面もたくさんあるでしょう。

それは、誰しもがそうだと思います。生まれてから死ぬまで、品行方正でなんの汚点もない人はいないのではないでしょうか。自分が気づかなかったことで、他人を傷つけていることもあるでしょう。

でも、それも全て学びです。人を傷つけてしまった自分を許しましょう。ただ、未熟だったのです。ただ、愚かだったのです。未熟で愚かだったことを知って、成長につなげましょう。

なぜなら、魂を成長させるために、この世に来たのですから。

それを踏まえて今、この瞬間、穏やかな気持ちでいられるか、心地良いエネルギーを発することができるか……。

あの世で天国に帰りたかったら、この世で天国を自分が作りましょう。天国とは愛と調和の世界です。この三次元で、愛と調和を自らが実践して、心地良い場を作っていきましょう。

この世で愛と調和を実践すれば、そのままあの世でも同じ世界に行きます

30
神思考 Life&Death

「死が怖いもの」という発想から離れたいのですが、どうしたら死について全く考えなくなりますか？

死について考えないよりも、ちゃんと向き合って考えたほうが怖くなくなるかもしれません。

ご質問者さまは死をとても怖がっていらっしゃるようです。これは現世《げんせ》に原因があるのか、過去生に原因があるのかわかりませんが、何か原因があるとは思います。こういうときにヒプノセラピーや催眠《さいみん》療法でその原因にアプローチして、解決するという方法もあります。

しかし、私は原因を見つけなくても解決の道はあると思います。それは「死」ときちんと向き合い、「死」を理解することです。

ご質問の後半の「どうしたら死について全く考えなくなりますか？」という言葉から、「死」を忌《い》み嫌い、避けようとしていることがわかります。私はその姿勢が逆に恐怖を作るのだと思います。

すでに、何回もお話ししているように、「死」は終わりではないのです。この世とあの世という次元の違う世界を行ったり来たりしているだけなのです。この仮説を信じることで、ずいぶん気持ちが楽になると思います。

また、ご質問者さまの年代はわかりませんが、もしそれなりの年で両親や友人を既に見送っているのなら、「死」は終わりではないことがわかると思います。

かつてのプロ野球の名選手・名監督で、先日、84歳で亡くなった野村克也《のむらかつや》さんは、2017年12月に長年連れ添った奥様の沙知代《さちよ》さんを亡くされました。お別れが急だったこともあり、野村さんはものすごく力を落としていたそうです。

あるとき、脚本家の橋田壽賀子《はしだすがこ》さんが野村さんを励ましました。橋田さんも30年以上前にご主人を亡くされて、以来お一人です。

しかし、部屋にはご主人の大きな写真が飾ってあって「いつも見られている。サボっていると、怒られる。何をするにも彼にどういわれるかが私の基準になっている」と言います。

その言葉に、落ち込んでいた野村監督も「やっぱり、そばにいますよね」と自分の実感を話されました。そして、ようやく顔に笑みが戻ってくるのです。

先に逝かれたご家族は、あなたをそばで見ていて励ましています。そのメッセージを受け取るか、受け取らないかは私たち次第なのです。

「〇〇の気がする」で十分受け取ったことになります。その感覚を自分で否定しないことです。

「死が怖いもの」と捉えると、家族や友人の死にもきちんと向き合うことができません。ですから、先にあの世へ帰った人に対しても「先に行っててね。また、会いましょう」という気持ちで送れたら幸いです。

私の友人が興味深い話を伝えてきました。彼女の母親が90歳で突然亡くなって、親戚や母親の友人にその死をお知らせしたときです。

約半分の人が「え〜、なんで！　あんなにお元気だったのに……」と非常にショックを受けられたそうです。

そして、大きく動揺した何人かの人は、親しかったにもかかわらず、死顔を見に来られなかったのです。

もう半分の人は、介護もなく突然逝ったことに対して「あら〜、苦しまないで幸せね……」と感心してくれたそうです。

ここに普段の死生観が表れます。普段から死に向き合っている人は、他人の死も自分のこととして受け止めます。

そして「大往生」した友人を褒めるのです。しかし、生きているのが当たり前で、死ぬことなんて考えない人は「なんで死ぬの⁉」と動揺してしまうのです。

前述の例では、90歳の人です。突然死されたことは「大往生」で立派だと思うのが普通ではないでしょうか。

立派な死に様を親や先人から学び、自分も見習いましょう。

先に逝ったご家族は、近くであなたを励ましています

31

Life&Death

神思考

突然の事故や事件で死ぬ人と天寿を全うする人がいます。この違いはなんですか？

あの世への帰り方に、実はあまり意味はありません。車で帰るか、新幹線で帰るか、飛行機で帰るかの違いです。

「23」でもお話ししましたが、死に方とは肉体の脱ぎ方です。大きく分けると、①ゆっくり逝く人、②急に逝く人があります。たとえるなら、田舎へ帰省するのに、車か新幹線か飛行機かという違いのようなものです。

また、別の分け方をすると、①病気（老衰を含む）、②怪我、③他殺、④自殺になります。多くの人は老衰、いわゆる天寿を全うする死に方を望みます。しかし、これも実は良し悪しはありません。

また、これらの死に方は自殺を除いて、自分で選べません。この世に来るときに決めているのは、おおよその寿命で、死に方までは決めていないと思います。ただ、まれに自分で決めている人もいます。たとえば、前回は人を殺《あや》めてしまったので、今回はその反対の役をやってみたいと決める場合です。

殺人の被害者が全員そうではありませんが、そういう人もいるという話です。私たちは何回もこの世とあの世を行ったり来たりしているので、殺したり、殺されたりしているということです。

このような話はとてもデリケートですが、そういう現象を「カルマ」と呼ぶ人もいます。

しかし、私はそのようなカルマを重たい十字架のように捉える必要はないと思っています。たとえば、人生が上手くいかない人が「それは過去生のカルマだ」と断定するのはあまりにも雑な捉え方だからです。

もちろん、私たちにはさまざまな過去生がありますが、それに善し悪しはないのです。全ての体験は神の代理としての経験に過ぎないのです。**神は完全なので、不完全な経験ができません。ですから、神から分かれた「分け御霊《わみたま》」としての私たちが「不完全」という経験をするのです。**

ですから、現世で上手くいかないことを過去生のカルマにしないことです。これはあくまでも現世での貴重な体験なのです。もちろん、過去生の続きをする人や、過去生の因果を引きずる人もいるかもしれません。ただ、私たちは霊能力でもない限り、それらを思い出すことはないのです。

今、起きている困難な状況の原因を、過去生に求めたがる人も少なからずいます。そのような人は霊能力者のところへ行ったり、ヒプノセラピーへ行ったりして、自分の過去生を見てもらうでしょう。

それで、本当に目の前のことが解決できればいいのですが、かえって、現実から目を背けてしまう人もいます。

結局、困難な状況の理由を知ったところで、解決につながらないのなら、知る必要もありません。むしろ「中今」に意識を合わせて、粛々と行動していけばいいのではないでしょうか。

今回は病気で亡くなるかもしれません、また、交通事故で亡くなるかもしれません。過去生に因縁がある場合もない場合もあります。つまり、わからないのです。わからないことをあれこれと気に病んでいても仕方ありません。

また、善人短命、悪人長命という言い方もありますが、これも全く関係ないように思います。美人薄命ということわざも根拠がありません。

ただ、一ついえることは、人のことを考え過ぎて、自分のことが疎かになっている人はストレスが多いでしょう。

ですから、そういう人は病気になりやすいとだけ申しておきます。ストレスと病気には因果関係があるのです。

また、この世ではあなたの自由意志がさまざまなパラレルワールドを選択していきます。つまり、旅行でいうと○○という国へ○○日間行くことを決めていますが、その内容はフリープランなのです。

現状の中で、選択できることはさまざまあると思います。自分ができる自分の選択に責任を持って、あとは天にお任せです。

どのようにあちらへ帰っても、帰るところは同じです。

自分で選択できるところは責任を持って選択し、あとは天にお任せする

32
Life & Death

神思考

生きていても何も楽しいことがありません。
いつ死んでもいいと思っていますが、
もし、人生に意味を見出す方法があれば教えてください。

楽しいことは待っていてもやってきません。自分で見つけて、楽しい人生にしてください。

まず、自分の出したエネルギーが自分にさまざまな形で返ってくるという原則があります。つまり、自分が楽しいエネルギーを出して周りを笑わせれば、周りからも楽しいエネルギーが返ってきます。そして、悲しそうなエネルギーを出していると、悲しいエネルギーが返ってきます。

自分が出すことが先です。「相手が私を信用してくれたら、私も信用する」ではありません。まず、自分が相手を信用することが大切です。

もちろん、無批判に気を許せと言っているのではありません。今は「オレオレ詐欺」のように人を騙《だま》すことを商売にしている人もいます。いつでも、プロテクションは必要です。

しかし、自分に関わる人には信用と愛情を惜しみなく出し続けることが基本です。そうすると、いつのまにか自分の人生も豊かになってくるのです。

もし、人は簡単に信用できないというのならば、一人で山登りでもしてみてください。日帰りできる簡単な山で十分です。自然からは多くを学ぶことができます。小さな自分が大自然の中で生かされていることがわかります。大自然は時に厳しいですが、とても豊かで愛情深いのです。

ご質問者さまは「何も楽しいことがありません」と言っていますが、その言葉の裏に淋しさを感じます。もし、仲間がいないのでしたら、嘆くことはありません。一人でも楽しいことはたくさんあります。

私は学生のときから、一人でいるのが好きでした。また、身体を動かすことが好きでしたが、いわゆるスポーツは好きではありません。ルールがあって、一人でできないものが多いからです。私が、山登りや自転車やランニングを好むのは一人でできるからです。

自分のペースで誰に気兼ねすることなく楽しむことができます。私は60歳で大学病院を退官し、自営業になりました。そして、学生のときにやっていた厳しい登山のようなものではなく、ささやかな山の散歩を始めました。ペースは当時の三分の一で……。

山へ行くときはだいたい一人です。一週間ほど、人に会わないときもあります。無理をしないペースで山へお邪魔させていただいている気分です。冬は寒いですし、風呂も入れません。食事もオートミールを中心とした質素なものになります。友人に「何が楽しいの？」と真顔で聞かれます。

でも、私はとても楽しいのです。

山の準備をして、荷物を詰めているときは、まるで遠足前の子供です。1週間予定通りに縦走《じゅうそう》できるときもあれば、天候が崩れ、予定通りにいかないときもあります。いずれにしても、楽しいのです。

また、私は一人暮らしで、留守がちなので、動物は飼えません。犬や猫と暮らしている友人をいいなと思いますが、私はその代わり、植物を育てています。これがまた楽しいのです。

いただいたランを鉢分けしたり、近所の花屋で購入したハイビスカスやブーゲンビリアなども育てたりしています。冬なのに花を咲かせていると、本当にけなげだと思います。話しかけると、まるで答えてくれるようなのです。

あと、私の楽しみは音楽を聴いたり、地図を見たり、本を読んだりすることです。

自分でご紹介しながら思ったことは、全て一人でできるものです。

誤解がないように申し上げますと、私は人嫌いなわけではありません。ただ、小さい頃から、一人でいる時間が多いのです。

ですから、是非、一人でできることに楽しみを見つけられるといいと思います。

一人は気ままで、自由です。そんな自由を実感したら「人生に意味を見出す」必要などないと思うでしょう。

人生に意味は要りません。「中今」に生きて、童心に戻れるような時間が少しでもあれば、それで幸せです。

仲間がいなくても、一人で楽しいことはたくさんできます

33

神思考

Life＆Death

高齢の父が「葬式も墓もいらない」と言っているのですが、本当にそれでいいのでしょうか？

答えは二つあります。お父様の意思を尊重してもいいですし、遺族の気持ちを優先してもいいでしょう。

「葬式も墓もいらない」と言っているお父様は、とても意思がはっきりされている人ですね。高齢になると先を考えたり、自分が死んだあとのことを言ったりするのを避ける人が多い中で、奇特なことと思います。

そうした中で、ご質問者さまはそれでいいのか悩まれていますが、結論から申し上げると、どちらでもいいと思います。つまり、お父様の意思を尊重してもいいですし、遺族の気持ちを優先してもいいでしょう。

なぜなら、亡くなって魂になると、この世での物事にあまりこだわらなくなり、気持ちが変わるからです。

もし、あなたがお父様の生前の意思を尊重されれば、お父様はあの世から「そうしてくれて、ありがとう」と思います。しかし、意に反してお葬式をしたり、お墓を作ったりしても「私を思ってくれて、ありがとう」と思うでしょう。それぐらい、あの世にいると視点が変わるのです。

私の友人で、亡くなった父親から事業を引き継いだ人がいます。その人は、父親がどれだけ会社を大切にしていたか知っていたので、潰《つぶ》さないように必死に働きました。しかし、数年後、ある霊能者から父親のメッセージを聞いて、椅子から転げ落ちるほどびっくりしたそうです。

そのメッセージとは「会社はどうでもいいよ。○○が楽しそうにしているほうがいい」だったのです。それを聞いて「今までお父さんのためにと思って必死だったけど、余計なお世話だった。これからはもっと肩の力を抜いて働く」と言っていました。

また、こういう話もあります。生前はとても口うるさく娘の行動を制限してきた母親がいました。旅行に行きたいと言っても「誰が猫にエサをやるのよ」と嫌味を言うのです。しかし、その母親も亡くなって、魂になると「○○ちゃんが好きなことをやりなさい」と伝えてきたそうなのです。

つまり、亡くなった人はあの世から、家族の幸せだけを願っているのです。その幸せというのも、ニコニコ楽しそうにしている幸せです。おカネがあっても、仕事があっても、ニコニコしていなければ幸せではないと知っているのです。

ですから、もし遺族が葬式をやってきちんとお別れをしたいと思えば、その気持ちは十分理解してくれます。また、決まった場所で祈りを捧《ささ》げたいと思えば、墓を作ってもいいでしょう。「要らないといったのに、なぜ作ったんだ！」などと怒りはしないと思います。

「20」でもお話ししましたが、私自身は両親と弟を家族葬で送りました。また、両親は大学の歯学部に献体登録していましたので、その共同墓地に埋葬されています。私自身もそのような手続きをしています。つまり「矢作家」の墓はありません。

弟には、義理の妹が自宅近くの霊園に墓を作りました。墓石には名前ではなく「あるがまま」と彫られています。弟の生き様が込められた、とてもいい言葉だと思っています。

ですから、宗教的にとか、道義的にとか、何も気にする必要はなく、あなたがどうしたいかが一番大切です。葬式をしてお経をあげないと成仏しないとか、墓を作らないと霊が迷うとか、一切ありません。安心してください。

今は、少子化が進み、墓を維持するのも大変と聞いています。また、田舎にあるけれど、たまにしかお参りにいけないという人もいるでしょう。そういう人は、自分の世代で墓じまいをすることも選択の一つです。

亡くなったあとの話をするのはタブーではありませんから、むしろ体力があるうちに家族や親戚と話し合いをするといいでしょう。既に墓がある人はそれをどのように維持していくのか、いかないのか。墓がない人はこれから作るのか、作らないのか。

でも、もし話し合わないのに突然死んでしまっても大丈夫です。遺族がどうしようと、あの世にいる人は温かく見守るだけですから……。

魂になると視点が変わり、気持ちも変わる

34

Life&Death

神思考

夫が病で亡くなりました。私は50代ですが、もし、私が80代であの世へ行くとしたら、おばあちゃんになった私に夫は気づいてくれるでしょうか？

あの世では好きな姿になれますし、たとえ別人になっても、魂の個性は認識されるので、大丈夫です。

あの世は不思議なところです。この世は縦横高さがある三次元。それよりも素領域（その世界を構成する最小の領域）の固有振動数が高いところを高次元といい、あの世は高次元です。

そこは自分の意識で形作る世界です。あるいは私たちが眠っているときに見る夢のような世界ともいえます。夢では急に場面転換が起こったり、思ったことが急にパッとでてきたりします。

あの世も思ったことがでてきます。食べたいと思えば自分の好きな食事が。東京にいたのに、行きたいと思えば急にハワイにいたりします。ある意味思った通りになってしまうので、すぐに退屈してしまうかもしれません。

しかし、あの世はあの世で学びや勉強があるようで、教師役の指導霊などがあなたを導いてくれるので、何も心配はいりません。

ご質問はあの世での姿ですが、これも自由自在です。この世にいるときの自分が一番気に入っている姿でてくればいいのです。しかし、実は姿はあまり関係ありません。エネルギーとしてあなたは存在しているからです。

催眠療法を受けた女性が興味深いことを言っていました。催眠に入ると、昔の西洋時代に生きていた自分が思い浮かんだそうです。その時代では男性で、酒場で一人酒を飲んでいたそうです。

淋しそうにしている理由は、たった一人の妹が隣村に嫁に行ってしまったからです。催眠を誘導している先生から「その妹さんは今、あなたの周りにいる人ですか?」と聞かれたときに、妹はおさげ髪のかわいい女の子なのに、なぜかそれが自分の父親だとわかったそうです。

このように姿形がどうであれ、エネルギーの質（個性）で人を認識できるのです。ですから、あなたは20代の姿だろうと、80代の姿だろうと、はたまた変装して男性の格好をしていようと、あなたはあなたなのです。

それだけ、魂は一つひとつ個性を持っています。それに自信を持ってください。

しかし、魂はエネルギーなので、一つであり全体でもあります。つまり、魂は究極的には神といわれる存在につながっているので、そういった意味では一つです。

しかし、そこから一粒のしずくとして存在しているのが個々の私たちなのです。海にたとえることもできます。大きな海全体が神で、無数の波が私たちです。

あの世に行くと、すぐ一つの魂（ワンネス）に戻ってしまうという人もいますが、一人ひとりの個性は残るのです。

そして、この世に来るときはAさんがそのまま新しいXさんになる場合もありますが、ブレンドされることもあると思います。たとえば、平安時代のAさんと江戸時代のBさんの魂が令和のYさんになる。そして、Yさんが亡くなると、あの世ではAさん、Bさん、Yさんの魂があるのです。

令和時代を生きるYさんは平安時代のことや江戸時代のことを思い出すことがあ

るかもしれません。

まるで、クラウドでビッグデータにつながっているかのように。私たちが普段、直観だと思っているひらめきは、このビッグデータかもしれないのです。そして、私たちは体験を通して学び、またデータを蓄積していきます。

このように、神はさまざまな分け御霊を使って、この世を体験しているのです。そう思うと、この世に良し悪しはなく、ただ体験があるだけです。私たちはその体験に一喜一憂してしまいますが、本当は楽しむだけでいいでしょう。

また、他人をジャッジして裁《さば》く必要もありません。他人は他人で、データを蓄積し、神に報告しているだけかもしれません。私がやりたくないデータ集めをしてくれているのです。

この世では他人でも、あの世では一つです。

私たちは神のもとに帰るだけなのです。

魂はエネルギーなので、自由自在。一つでもあり、全体でもある

35

Life & Death

30代で亡くなった小林麻央《まお》さんのおかげで、
がん検診を受ける人が増えているようです。
そのように皆を啓蒙するお役目があったのでしょうか？

神思考

麻央さんは34年という時間の中で、大きな気づきを得て、幸せに過ごすために生まれてきたと思います。

夫の市川海老蔵《いちかわえびぞう》さんが、妻の麻央さんが乳がんであると発表したのが2016年。それから約1年後に麻央さんは小さい子供を二人残して、あの世に旅立たれました。

私は知らなかったのですが、ご質問者さまによると、彼女の影響でがん検診を受ける人が増えているそうです。それ自体は否定しませんが、私は彼女が生まれてきた役目がその程度のことだとは思いません。

どんなに世間に影響力がある人だろうと、一人ひとりは自分が幸せになるために生まれてきました。

彼女は亡くなる数カ月前、ＢＢＣのインタビューに次のように答えています。少し長いのですが、素晴らしい文章なので引用させていただきます。

《2年前、32歳の時に、私は乳癌《がん》であることを宣告されました。娘は3歳、息子はまだ1歳でした。

（中略）

それまで私は、全て自分が手をかけないと気が済まなくて、全て全てやるのが母親だと強くこだわっていました。それが私の理想の母親像でした。

けれど、病気になって、全て全てどころか、全くできなくなり、終いには、入院生活で、子供たちと完全に離れてしまいました。

自分の心身を苦しめたままでのこだわりは失ってみると、それほどの犠牲をはたく意味のあるこだわり（理想）ではなかったことに気づきました。

そして家族は、私が彼らのために料理を作れなくても、幼稚園の送り迎えができなくても、私を妻として、母として、以前と同じく、認め、信じ、愛してくれていました。

（中略）

人の死は、病気であるかにかかわらず、いつ訪れるか分かりません。

例えば、私が今死んだら、人はどう思うでしょうか。

「まだ34歳の若さで、可哀想《かわいそう》に」

「小さな子供を残して、可哀想に」でしょうか??

私は、そんなふうには思われたくありません。

なぜなら、病気になったことが私の人生を代表する出来事ではないからです。私の人生は、夢を叶《かな》え、時に苦しみもがき、愛する人に出会い、2人の宝物を授かり、家族に愛され、愛した、色どり豊かな人生だからです。

だから、与えられた時間を、病気の色だけに支配されることは、やめました。

なりたい自分になる。人生をより色どり豊かなものにするために。

だって、人生は一度きりだから。（改行以外は原文のまま）》

どうでしょう。彼女のこの言葉こそが、私たちへのメッセージではないでしょうか。彼女は「皆さん、毎年、乳がんの検査をしましょう」などとは言っていません。

そうではなく「可哀想に」と思わないでほしいと言っているのです。

もちろん、人知れずどれだけ涙を流したか、わかりません。「絶望」と「希望」を行ったり来たりしたでしょう。それでも、与えられた時間を「色どり豊かな」ものにしたいと決意しているのです。

また、彼女は病気にならなければ、わからなかった大きな気づきを得ています。何もできない自分を、家族はそのまま受け入れてくれているのです。そして、自分が持っていたこだわりが、意味のあるものではなかったと気づくのです。

私は彼女の心からのこの言葉を多くの人に知ってもらいたいと思います。たとえ病気になったとしても、それが私たちの人生を代表する出来事ではないのです。そこから、何を学ぶかです。

さあ、私たちも麻央さんに負けないように、「色どり豊かな人生」にしていこうではありませんか。

与えられた時間を色どり豊かに過ごそう

36

Life & Death

神思考

無宗教の人が宗教家の力をかりて、穏やかに最期《さいご》を迎えたドキュメンタリー番組がありました。宗教に入ったほうが死の恐怖はなくなるのでしょうか?

宗教は神性を感じる一つの方便です。日本人は宗教を使わずに神性を感じる民族だと思います。

日本人に「あなたの宗教はなんですか?」と聞くと、ほとんどの人が「私は無宗教です」と答えます。ここで注意が必要なのは、日本人の感覚と外国人のそれとでは大いに異なることです。入国審査の書類の「Religion (宗教)」の欄に「None (なし)」とか、辞書を調べて「Atheist (無神論者)」と書くのは避けたほうが良いでしょう。海外で、無神論者というと、道徳心のない人にみられる可能性がありますので、答え方には工夫が必要です。そういうときは「神道です」とか「仏教です」と、答えておけばいいでしょう。

しかし、正確に言うと「神道」は宗教ではありません。まず、経典がないですし、決まりもありません。つまり、全てに神性を感じるという日本人の感性を便宜上《べんぎじょう》「神道」と言っているに過ぎないからです。日本人は、山にも川にもトイレにも神様がいると信じています。その数なんと八百万です。ですから、日本人から見れば、イエスもブッダも八百万のうちの一柱《ひとはしら》なのです。その証拠に、元旦に神社に行き、クリスマスにはケーキを食べ、お葬式は仏教というスタイルに疑問を持たない人がほとんどです。それほど、日本人は全ての神様を受け入れるのです。

世界を見ると、宗教の違いによって戦争まで起こっています。もちろん、開祖はそのようなことを望んではいなかったでしょう。また、各宗教で宗派が複数に分かれるのも不本意だと思います。

真理は山の頂上のように一つです。結局、どのルートから山頂に行くかだけの違いです。このルートが正しい、あのルートが正しいと争っているのは本末転倒だと思います。自分が信じるルートが自分にとって快適で、自分に合っていると思えば、その道をひたすら登ればいいと思います。

ただ、違うルートの登山者を否定しないことが唯一の条件です。そして、下ばかり見ているのではなく、ときどき顔を上げて、山頂を確認すればいいのです。多くの日本人はルートの意識をせずに、ただ山頂を見て自由に山を登っているに過ぎません。ですから、山頂が見えなくなると、不安になるのかもしれません。

ご質問者さまが見たドキュメンタリー番組では、きっと山頂を見失って不安になった人が、一つのルートを見つけて、安心を得たのでしょう。それはそれで、良かったと思います。

従来の日本人は特定の宗教を必要とせず、信仰心だけは厚かったのです。「死んだら神様、仏様になる」と素朴に信じ、山頂から目を離さなかったのだと思います。

戦後、GHQの占領政策により、日本人の意識は大きく改造されました。WGIP（War Guilt Information Program）という基本政策により、戦争への罪悪感を埋め込まれたのです。

また、死生観も変わってしまいました。古来日本人が持っていた輪廻転生《りんねてんしょう》観とは相容《あいい》れない、「死んだら、終わり」という教育の中では、宗教でもなければ、死が怖くなって当たり前です。ですから、私が繰り返し述べているのは「従来の日本人の死生観を取り戻しましょう」ということだけなのです。

幸いなことに、若い人を中心に、従来の死生観を取り戻す人が増えてきているように思います。そうならば、日本人は宗教の力を借りず、全てに神性を感じる民族として、世界に範を示すことができるのです。

既存の宗教を否定しているわけではありませんが、一つだけ注意が必要です。もし、あなたが信じている宗教が他の信仰を否定しているのであれば、それは山頂を見失っている状態です。きちんと顔を上げ、山頂、つまり真理が見えているなら、他の否定はあり得ないのです。

真理とは全ては一つであると感じること。私たちは神の分け御霊であり、神の一部としてこの世を体験していること。この世を愛と調和で生きることです。

宗教は山頂を目指す一つのルートに過ぎない

37

神思考 Life&Death

私は80代後半ですが、家族や友人が鬼籍に入りました。
あの世へ行ったら、会いたい人全てに会えるのでしょうか？

あなたが会いたい人が、
あなたに会いたがっていれば会えます。

ご質問者さまは80代後半で、家族や友人がもう先にあの世へ行ってしまっているとおっしゃっています。お淋しいと思いますが、実は今もあなたのそばにいるのです。いつもべったり横にいるわけではないかもしれませんが、あなたが意識すれば、それは必ず届くと思います。

亡くなった人がこちらに対して思うことは三つです。

① そんなに悲しまないで、幸せに暮らしてください
② 私はこちらの世界で元気ですから、安心してください
③ ときどき思い出してくれると嬉しいです

ですから、生きている私たちが、毎日を心穏やかに暮らすことが、何よりの供養

になるのです。
また、私たちがあの世へ帰るときは、先に行った親しい人たちが迎えに来てくれます。誰が来てくれるのか、今から楽しみにしたいですね。

この世はあの世の投影であり、またあの世はこの世の投影です。この世での人間関係が、あの世に引き継がれます。つまり、この世で仲良くしていた家族や友人は、あなたに会いたいと思っているでしょう。そうであるならば、あの世で会えるでしょう。

そして、あなたは会えなかった年月の近況報告をするかもしれませんが、彼らは全てあの世から見ていたので知っています。

それでも、あなたは積もる話をするかもしれませんね。それはそれで、楽しいかもしれません。

しかし、人間関係が上手くいっていなかった人とはなかなか会うことができません。それはこの世でも同じことです。あなたも嫌いな人とは敢えて会いたいとは思わないでしょう。

ここで一つだけ注意が必要です。あなたが会いたいと思っていても、相手が会いたくないと思っていれば、会えないかもしれないのです。つまり、人間関係が上手くいっているとあなたが勘違《かんちが》いしている場合です。

それは夫婦だろうと、友人関係であろうと同じです。だからこそ、この世にいるときにきちんとコミュニケーションをとることが大切なのです。仲が良いはずだと、あなたが勘違いしている場合もあるからです。

ご質問は「あの世へ行ったら、会いたい人全てに会えますか」ということでしたが、残念ながら、全てではありません。

正直に申し上げると、あなたが会いたいと思っていても、相手がどう思っているかわからないからです。

しかし、安心してください。仲良くしていた人とは会えますので。

また、もしこの世で仲良くしていた人と、あの世で会えなくても、きっとあなたはたいして気にしないでしょう。あの世では肉体がないので、この世で持っていたこだわりというものがなくなるのです。

ですから、仮にあなたが会いたい人に会えなかったとしても「そういえば、○○さんいないな」くらいの感覚だと思います。肉体がないと、エゴやこだわりがなくなるのです。

肉体を持ったまま、エゴやこだわりがなくなることを悟りというのだと思います。私たちはあの世へ帰れば、皆、悟りの世界へ行くのでしょうが、それをこの世で実現していくこともできるのです。

イエスやブッダはこの世にいたままエゴやこだわりを捨て、愛と調和に生きたのです。昔は厳しい修行の末に悟りの世界があったのかもしれませんが、今は新しい時代になりました。

エゴやこだわりをなくすという方向に目を向ければ、自然とそちらに流れていくでしょう。ベクトルは長さではなく、向きが大切です。愛と調和のほうへ向かいましょう。

あの世は肉体がないので、エゴやこだわりがなくなる

38

Education

神思考

今、高校2年生です。勉強はあまり好きではありませんが、一生懸命勉強したら、あの世でも役立ちますか？

あの世に持っていけるのは記憶と経験です。好きな科目だけでもいいので、楽しんで勉強してください。

人は誰でも、得意なことがあります。なぜなら、今まで何回もこの世に生まれてきて、さまざまな体験をしているからです。

たとえば、あまり練習をしていないのに、ピアノがとても上手に弾けるとか、国語は苦手だけど、なぜか数学はよくできるとか……。

ですから、全てを上手くやる必要はありません。自分が少しでも好きなこと、得意なことに一生懸命に取り組むことが大切です。

ご質問者さまは高校2年生です。受験を控えて、勉強をしているのかもしれません。受験勉強は好き嫌いに関係なく、ある程度の科目をまんべんなく勉強しなければばいけないのでしょう。

あの世で役に立つのかどころか、この世でも役に立つかどうかわからずに、勉強するのはつらいかもしれません。

しかし、気楽に考えてください。勉強はゲームのようなものです。そう思って、まず毛嫌いしないことが大切です。「教科書を1ページ読んだら、1ステージクリア！」くらいに思って、とにかく楽しくやってください。

そして、テストの点がもし悪かったとしても、劣等感や罪悪感を持たないでください。新しいことを知るのは自分に自信を持たせることです。ですから、点数で一喜一憂しないでほしいのです。

あの世に持っていけるのは記憶と体験です。ですから、劣等感のような記憶は持たなくていいのです。そして、いやいや勉強するというような体験も不要だと思うのです。どうせ勉強するなら、新しいことを知る喜びの体験に変えてみてはいかがでしょうか。全ての科目とはいいませんが、好きな科目だけでもいいので、楽しんで勉強してください。

また、この世では知識と共に必要なのが直観です。直観とは高次元からのメッセージでもあります。あの世という高次元のビッグデータにつながっているのかもしれません。いずれにしても、受け取る準備がなければ、直観は受け取れません。

受け取る準備は主に二つあると思います。

① 好きなことを勉強し、知識という器を作る

② エゴをなくして、素直になる

たとえば、私の友人の保江邦夫《やすえくにお》先生は理論物理学の専門家です。彼がドイツのアウトバーンを走っていたとき、自分の額の裏側にバンと数式が映ったのです。びっくりしながらも、その数式を暗記し、ホテルに帰ってからその数式を解いたそうです。そして、ヤスエ方程式というこの世界において最も普遍的な〝最小作用の法則〟そのものを表す具体的な数式を発見したのです。

私は物理と数学が得意ではありませんので、もし、部屋の窓ガラスに同じ数式が映っても、なんのことだかわからなかったでしょう。

ですから、直観を受け取るにも、知識という器が必要なのです。知識だけでは限界がありますが、限界を突破するにもまずは知識が必要なのです。

私も歴史について、さまざまな直観を受け取ります。それと同時に、本も読んで

います。職業としては医療に従事していましたが、その頃から、あらゆるジャンルの本を読んでいたのです。だからこそ、自分が受け取った直観が正しいかどうかがわかるのです。

また、直観を受け取るには何よりも、先入観を捨て、素直になることが大切です。テレパシーも直観の一つですが、テレパシーを使っていたオーストラリアのアボリジニがそのコツを伝えています。それはエゴをなくすことです。

ご質問者さまも好きなことを勉強し、知識という器を大きくしてください。また、本をたくさん読むこともお勧めします。そして、何よりも素直な気持ちで、心に響いた直観を大切にしてください。

豊かで幸せな人生を歩んでください。

直観を受け取るためにも、知識という器を大きくする

39

Education

中学生の息子がいじめに遭っているので、今は学校を休んでいます。勉強が遅れるので、転校させてでも、学校へ行かせたほうがいいでしょうか？

神思考

転校させてもいいと思いますが、まずはあなたが息子さんを信頼して、無条件の愛情を注いでください。

中学生の不登校は10万人以上いるといわれています。理由はさまざまありますが、やはりいじめもその理由の一つでしょう。

ご質問者さまは息子さんがいじめを受けていると認識していますが、それは本人がそう言ったからでしょうか？　もし、そうであるなら、よくコミュニケーションが取れている親子だと思います。その場合は息子さんに「どうしたい？」とよく確認して、それをサポートしていかれればいいと思います。

もし、息子さんが何も話さず、周りからいじめの状況を聞いた場合、無理やり聞き出さなくてもいいかもしれません。それでも、あなたが親としてできることがあるからです。

子供は親の鏡です。そのときにあなたが、動揺したり、心配したりすると、お子さんも、動揺し、心配します。

是非、親としてお子さんを１００％信頼してあげてください。

「なんとかなる。この子は大丈夫だ」でいいのです。具体的な解決策がなくても「大丈夫」と思えばいいのです。

心配（しんぱい）と信頼（しんらい）は一文字違いですが、正反対の態度です。

親から信頼と愛情をたっぷり受けている子は、自分に自信を持ちます。

「24」でもご説明した通り、いじめは本人の劣等感や被害者意識を現実に映し出しているのかもしれません。ですから、まず、あなたができることは息子さんを信頼し、無条件の愛情を注ぐことです。

もう一つあなたができることがあります。それはあなた自身の人間関係を見直すことです。夫婦関係、親子関係、友人関係、職場の人間関係……。あなたは誰かを責めたり、許さなかったりしていませんか？　あなたのその意識が、自分の子供に投影されているかもしれないのです。

あなたに気づかせるために、子供がいじめられているのかもしれないのです。

『鏡の法則』（総合法令出版）という本があります。息子のいじめに悩んでいる主婦の話です。彼女はあるコンサルタントに「あなたの息子さんがいじめられているのは、あなたが感謝すべき人に感謝せず、責めているからではないですか」と指摘されます。半信半疑だった彼女は自分の父親との関係を見直すことにしたのです。大嫌いだった父親に形だけの感謝と謝罪を伝えました。すると、心の底から父親を許すことができたのです。そして、子供もいじめられなくなりました。

現実はこんなに簡単に解決しないかもしれませんが、法則としては同じです。あなたの目の前で起きていることは、あなたに何か気づいてほしいから起きているのです。もしかしたら、いじめは息子さんの問題ではなく、あなたの問題かもしれません。

転校については本人の希望に従えばいいと思います。心機一転新しい場所に行きたければ、引っ越してでも転校すればいいでしょう。学校なんて、星の数ほどあります。しかし、息子さんが何かしらの理由で転校したくないと言えば、学校へ行ける方法を一緒に考えればいいのです。

最近は親が直接教育している人もいます。学校が全てではありません。とにかく、あなた自身が自信を持って、堂々としていればいいのです。

秋山佳胤《あきやまよしたね》先生は不食《ふしょく》の弁護士として有名です。その先生のご著書『秋山佳胤のいいかげん人生術』（エムエム・ブックス）の中で、ご自身の子育てについても紹介されています。息子さんは小学校1年生から不登校で、家ではアニメを見たりゲームをしたりしていたそうですが、漢字も数字もアニメやゲームから覚えたと言っています。極端な例かもしれませんが、学校へ行かなければ勉強が遅れてしまうとは限らないのです。

あなたがニコニコとして、一家の太陽のような存在となって息子さんを照らしてあげてください。不安な顔をしてはいけません。

あなた自身の人間関係も見直してみる

40
Education

神思考

小学5年生の子供が発達障害と診断され、特別支援学級へ通っています。親としては、今後どのようにサポートしたらいいでしょうか？

発達障害といわれるものは個性の振れ幅の一つです。平均値が幸せという固定概念を親が持たなければいいと思います。

昔から、個性の強い子はクラスに一人や二人、必ずいました。しかし、その多様性を子供も大人も受け入れていたように思います。

今は平均値にいることが普通とされ、そこから少しでもズレていると「発達障害」というレッテルを張られます。

また、そこからアスペルガー症候群、注意欠陥多動性障害、学習障害などと分類されてしまいます。自分の特徴を知ることを否定はしませんが、今はそれらにマイナスのイメージがついていることが問題です。

2006年に学校教育法が改正され、支援の対象が拡大されました。いわゆる発達障害の子供も特別支援学級に週数時間通うことができるようなったのです。鶏が先か、卵が先かわかりませんが、それ以来「発達障害」という診断を受ける子供が増えているように思います。

きめ細かいサポートが受けられるという利点もありますが、通っている本人が劣等感を持たないことが一番大切です。また、支援学級に通っているということで、いじめに遭う場合もあるそうですが、そういう点も含めて、お子さんの気持ちが大切だと思います。

発達障害といっても、人によって状態はさまざまです。対応も一人ひとり違ってきます。

ですから、ご質問者さまが心配されている今後のサポートについては具体的にはお伝えできません。ただ、いえることは、発達障害は障害ではなく、個性の振れ幅であると親がわかっていればいいと思います。

こういうお子さんを持っている親御さんからは「周りが理解してくれず、責められる」と聞くこともあります。しかし、周りの理解は必要でしょうか？　親が理解して、子供を受け入れていれば、それ以上何も必要ないと思うのです。

具体的に何か言われたり、不都合があったりしたときに、きちんと説明すればいいと思います。何も知らない世間は、自分たちとは関係ないので、気にしないことです。

また、特別支援学級は義務教育の中学校までですので、それからの進路については一緒に考えてもいいでしょう。

いわゆる普通の企業に就職することは難しいかもしれませんが、サラリーマンにならなくても、仕事はいくらでもあります。

地方では農業や林業など第一次産業の人手が不足しています。また、都心部でも人手不足で外国人が働いているような現場がたくさんあります。ですから、仕事の心配をする必要はありません。

それよりも、最低限生きていける知恵を親が伝えていけばいいのではないでしょうか。

私の友人の息子さんもやはり小学校のときに発達障害の検査を受けたそうです。一緒に生活していて、何も違和感はなかったと言っていました。それでも、いわゆる平均値から外れていたのでしょう。学習障害で、聴覚からの理解が悪いと言われました。

しかし、そのご家庭は親も子供も気にしませんでした。自分たちの現状を笑い飛ばしていました。中学までは、支援学級へ通い、高校はなんとか普通校に入れたそうです。高校卒業後は、資格を取ろうとして、挫折。その後はさまざまなアルバイトをしているそうです。

彼はいわゆるサラリーマンにはなれないかもしれません。友達もほとんどいません。でも、本人が穏やかに幸せそうにしているのです。それが何よりではないでしょうか。私はその息子さんを知っていますが、彼はなんとか生きていける子です。親が心配しないで、子供を信頼してください。

穏やかに幸せに生きていく力が一番大切

41

神思考

Education

幼児虐待《ぎゃくたい》のニュースを見るたびに、悲しくなり、ストレスになります。どうして、我が子を虐待する親があとを絶たないのでしょうか？

他人の行為や意見に振り回されることなく、自分の軸を持って、情報を選択しましょう。

確かに、昨今のニュースは目を覆いたくなるようなものもあります。ですから、私は一方的に垂れ流されるテレビのニュースは見ないようにしています。必要な情報はネットから取捨選択しているのです。

ご質問者さまは特に子供の虐待のニュースに心を痛めているようですね。きっと、お優しい方なのだと思います。しかし、そんなニュースでご自身の心を痛めないでほしいのです。

そして、親しい人ですら、私たちは人を変えることはできません。ましてや、赤の他人を変えることはできないのです。ですから、ニュースを見て「なぜ我が子を虐待する親がいるのだろう」と悲しくなっても、どうすることもできないのです。

私たちが唯一できることは、自分の心持ちをしっかりさせることだけです。もし、それができないのならば、なるべく、ネガティブなニュースを見聞きしないほうがいいでしょう。

これは逃げではありません。自分にインプットする情報は自分で選べるのです。また、付き合う友達も自分で選べるのです。

たとえば、いつも人の陰口や噂話をしているような人と付き合うのが苦手ならば、そういう人と付き合わなければいいのです。うるさい音楽が苦手ならば、静かな音楽を聴けばいいのです。

是非、自分が心地良いものを取り入れてください。


ご質問は「どうして虐待する親があとを絶たないのか」ということでした。しかし、こういう疑問は果たして本当にそうなのかと、いったん疑うことも必要です。

今はインターネットでさまざまな情報が取得できます。警察庁のデータによると、2009年から子供の虐待死の数は減少しています。

その一方で、虐待事件の件数は増えました。それは児童虐待防止法の制定によって、虐待の範囲が大幅に拡大され、警察が虐待の捜査や検挙に積極的に取り組むようになったからです。

このようにニュースもデータに基づいて、正確に読み取る必要があります。なぜなら、マスコミは心配をあおることばかりするからです。過去と比べてどうなのか、他国と比べてどうなのか、冷静に判断したいところです。

もし、それが難しいならば、先ほど指摘した通り、テレビや新聞などマスコミのニュースを見ないことです。

また、私たちは世の中を変えることはできないと、割り切ることも大切です。どんな世の中だろうと、そこで自分だけは自分らしさを失わずに生きていくしかありません。世の中の不条理を悲しんだり、怒ったりすることは不要なのです。

そして、あなたが楽しそうに、幸せそうに生きていたら、周りの人がどう思うでしょうか？

もしかしたら、嫉妬《しっと》する人もいるかもしれませんが、基本的には皆、楽しそうでいいなと思うのではないでしょうか。それが、世間に対する影響力なのです。

私たちは、私たちの半径数メートルの人に、ちょっとだけ影響を与えられればいいのです。大きなことをしようとする必要はありません。

もし、あなたが虐待をする親がいない世界を作りたいのならば、あなたが幸せそうに生きればいいのです。

間違っても眉間にしわを寄せて「そんな親、許せない」などと怒ってはいけません。また、悲しんでもいけません。

あなたは自分の軸をしっかりと持ち、幸せに生きるだけで十分なのです。

世の中の不条理を悲しんだり、怒ったりしない

42
Education

仕事が忙しくて、二人の子供を保育園と義母に任せっきりです。仕事と子育てを両立しているとはいえず、罪悪感がぬぐえません。

＼神思考／

あなたの選択は三つです。子育て中心に生きる。仕事中心に生きる。できる範囲で両方やってみる。あなたが選択したことに、罪悪感はいりません。

1986年に「男女雇用機会均等法」が施行されて30年以上経ちました。以来、働く女性が増えました。結婚退職は死語になり、今では子供が生まれても働き続ける女性も珍しくありません。

しかし、その実態は女性の努力と犠牲の上に成り立っているともいえるでしょう。子供を保育園に預けられたとしても、8時～18時です。

残業があったら、お迎えの時間に間に合わないので、それこそ誰かの手を借りなければなりません。また、病気になったら、保育園には預けられないので、仕事を休まなければいけません。

ご質問者さまは保育園と義母に任せっきりとおっしゃっていますが、確かに仕事中心に生きていたら、そうなるかもしれません。

私は小さい子供がいるお母さんがフルタイムで働くことに必ずしも賛成しませんが、そうしなければならない方もいることは承知しています。ですが、もし、働かなくてもいい環境ならば、無理して働く必要はないと思います。

しかし、政府は２０１５年に「女性活躍推進法」まで作って、女性を働かせようとしています。

この法律の正式な名称は「女性の職業生活における活躍の推進に関する法律」です。つまり、家庭を守るという大切な仕事をしている専業主婦の活躍は推進していないのです。

たとえば、家で子育てする人に給付金を支給すれば、少子化対策にもなります。しかし、反対に保育園の拡充や無償化などを推進しているのです。政府は女性も働かせて、ＧＤＰを増やし、税金を取りたいのでしょう。

言うまでもなく、男女は対等ですが、役割まで同じではありません。その役割まで今は対等にしようとするため、どうしても子供を産む女性のほうに負荷がかかってしまうのです。

ですから、子育てと仕事のはざまで悩む人は多いと思います。


ご質問者さまがどういう事情で働いているのかわかりませんが、女性が選択できる道は三つあると思います。
① 子育て中心に生きる
② 仕事中心に生きる
③ できる範囲で両方やってみる
今は仕事が忙しいとおっしゃっているので、②だと思います。しかし、もし仕事を辞めることが可能ならば①も選択できますし、仕事と子育てのバランスを考えて両方やっていくのなら③になります。

この選択に正解不正解はありません。どれを選択しても良いのです。

「○○しなければいけない」と、最初から選択肢を狭《せば》めることはありません。発想を変えれば、違う道も歩めるのです。その上で、自分でしっかり意識をして、道を

人生は選択と修正の連続です

選択してほしいのです。

責任を持って選択したことに罪悪感はいりません。もし、どうしても罪悪感がぬぐえないのなら、違う道を選択すればいいのです。あなたが、しっくりくる道を選び直せばいいと思います。

人生は選択の連続です。そして、その選択に違和感があれば、修正すればいいのです。選択↓修正を繰り返すだけです。

ここになんの罪悪感が必要なのでしょう。

自分が進む道が一本しかないと思うと、愚痴もでます。しかし、あなたの目の前には道がたくさんあるのです。

その道を軽やかに選んでください。

43
Society

神思考

ブラック企業に入ってしまったので、
残業が多く、自分の時間が取れません。
やはり、転職したほうがいいでしょうか?

転職しても、あなたに当事者意識がないと、またブラック企業に入ったと感じてしまうかもしれません。

マスコミの風潮かもしれません。今はさまざまなモノを「ブラック」と呼んで、揶揄《やゆ》します。ブラック企業、ブラックバイト、ブラック部活……。しかし、少しでも厳しい状況があるとすぐブラックというのはどうかと思います。

何も昭和の根性論を持ち出しているわけではありません。何ごとも時間をかけて、力を傾けないと、その道で通用しないことはあるはずです。それを若いうちから「17時になったから帰ります」というのでは、何かを身に付けるのに、年月がかかってしまうかもしれません。

また、理不尽なことを言われたからといって、すぐにその場を離れては解決にならないかもしれません。

もちろん、転職がダメと言っているわけではないのですが、それが根本解決につながるとは限らないのです。

「24」の職場のいじめのところでも言いましたが、現実はあなたの意識が投影されている部分があります。

あなたが被害者意識を持っていたら、どこの職場にいても、パワハラと感じ、ブラック企業と感じるでしょう。

ですから、今いる職場を単純に「ブラック企業」と呼ぶのではなく、自分がどういう意識でいるのかを観察してみてください。もし、自分の中に被害者意識がちょっとでもあるのなら、その意識を外すことが先決です。

では、被害者意識ではなく、どういう意識でいればいいのでしょう。ひと言でいうと当事者意識です。仕事も「会社にやらされている」と思うのではなく、「自分がやっている」と思えばいいのです。それが当事者意識です。

当事者意識を持っている人は、自分に選択権があると思っています。自分が人生の主人公だと思っています。

そうであるのなら、会社を指して「ブラック企業」とは言わないのではないでしょうか。

当事者意識があれば、自分で選択して就職した会社を悪く言うのは恥ずかしいと思うでしょう。「誰がそんな会社選んだの？」と聞かれれば、「私です」と答えざるを得ないからです。

当事者意識がない人は「そんな会社だと思わなかった」と言うかもしれませんが、それがあなたの選択した結果なのです。

引き寄せの法則を持ち出すまでもなく、それがあなたのエネルギーにそった結果です。

ですから、自分のエネルギーを高めて、責任を伴う選択をしてください。そうすれば、あなたに合った職場に出会えるでしょう。

職場選びは、恋人選びと似ているかもしれません。酒癖の悪い人と別れて、新しい人と付き合っても、自分自身が変わらなければ、また同じような人と付き合ってしまうのです。

上司がパワハラだ、同僚が意地悪だ、残業が多い、と文句を言って辞めても、自分自身が変わらなければ、また同じような職場に就職するでしょう。当事者意識を持って働いて、やることをやり切れば、その職場を卒業するときが来るかもしれません。

感謝を持って、その場を去ることができれば、次に出会う職場はもっと素晴らしいところになるでしょう。

就職も結婚も同じです。

運が良いとか悪いとかではなく、自分が何を選択するかです。そして、そのときの自分のエネルギーに合ったものを引き寄せます。

良い職場や結婚相手に出会いたかったら、まず、自分のエネルギーを高め、感謝力を高めるといいでしょう。不平不満を常に抱えているようでは、良い出会いが訪れません。

自分のエネルギーを高め、責任ある選択をする

44

Society

製造業を経営していますが、
3K職場のためか、人手が集まりません。
外国人を雇うしかないでしょうか？

神思考

外国人を安易に雇う前に、日本人が集まる職場にするための方策をいろいろ試してほしいです。

2018年の時点で、146万人の外国人労働者が日本で働いています。2019年の4月に入管法が改正されて、さらに35万人ほど増やすようです。

私はこの流れに反対です。それは日本への愛着・帰属《きぞく》意識を問わず、単に労働者不足を補うことが目的だからです。ヒト・モノ・カネが国境を自由に移動することをグローバル化といいますが、この流れは国家の否定につながります。

日本という国を形作っているものは、日本という国土だけではありません。そこに日本語を話し、皇室を敬愛し、八百万《やおよろず》の神様を信仰する日本人がいるからこそ、この国土は日本なのです。日本人とは、人種・国籍を問わずこれらの条件を満たす人です。

しかし、今の世界の流れは国境を否定し、マネーを共通の価値として、グローバル化しています。**誰がその首謀者かといえば、国ではなく、国際銀行家や、それをとりまとめる人たちです。「ディープステイト」とも言います。**

その流れに対抗しているのが、米国のトランプ大統領や、ロシアのプーチン大統領です。彼らは、大国としての力を維持しつつ、反グローバル化、つまり「自国第一主義」をとっているのです。トランプ大統領の選挙フレーズ「メイク・アメリカ・グレイト・アゲイン（アメリカを再び素晴らしくしよう）」という言葉にその思想は集約されています。

また、EUではこの数年、グローバル化が急速に進展しましたが、今はその反動が来ています。移民排斥《はいせき》運動です。かつてのドイツでは今の日本のような状況がありました。3K職場を中心にドイツ人の働き手が集まらなくなったのです。そして、トルコ系、中・東欧系や南欧系移民を労働者として受け入れました。今ではその移民たちが労働集約型産業の職場の一翼を担う存在になっています。しかし、移民の中にはドイツ語を話せない者や失業状態にある者も多数いて、彼らが社会保障を受けていることに不公平感が増しています。また、宗教や文化の違いも相まって衝突が起きています。つまり治安が悪くなっているのです。それはドイツのみならず、EU各国で起きています。

EUのグローバル化の流れから距離を置こうとしているのがイギリスです。いわゆる「ブレグジット」で、EUからの離脱を決定しました。しかし、その過程で、国を二分する対立を生んでしまったのです。

米国やEUを見ていれば、グローバル化による問題は山積しているのがわかります。それなのに、周回遅れのグローバル化を推進している日本政府は何を見ているのでしょうか。入管法改正だけでなく、水道の民営化、漁業の民営化、種子法の廃止、カジノ法案など、グローバル企業を利するために、日本の国益を大売り出ししています。

前置きが長くなりましたが、ご質問者さまへのお答えとしては、単に外国人労働者を雇うことはグローバル化を受け入れることなので、反対です。

では、人手不足をどう解消すればいいのでしょうか。

厳しい競争を強いられている日本企業の皆さまに、安易に雇用条件を改善しろとは言えませんが、基本的にはそれしかないのです。つまり、さまざまな方策を講じて、日本人の心を持つ人が集まる職場にしなければなりません。それができないのなら、粛々と市場から撤退するしかないでしょう……。

日本への愛着のない外国人労働者を受け入れて、なんとか生き残ったとしても、グローバル競争をしている限り、息つくヒマはありません。そして今、世界は反グローバルに舵《かじ》を切りました。その流れに乗ったほうがいいでしょう。

これからの経済は二極化していくと思います。グローバル化していく組織と、ローカル化していく組織と。

日本らしさを失わず、世界と協調していくにはローカル化が重要になります。

その組織でないと作れないものを作っていき、価格もそれなりに確保していく。

そういう価値を認め合う社会を作っていきましょう。

これからの経済はローカル化に価値がある

45
Society

地方大学の学生ですが、就職は東京を考えています。親の老後などを考えると、いつかは田舎に戻らなければならないでしょうか？

神思考

今、優秀な人ほどIターンやUターンをしています。東京で働いて世間を学んだら、ご両親のことはさておき、田舎へ帰ることも選択肢の一つでしょう。

一極集中といわれて久しいですが、今も就職は都心部でというのは珍しくありません。現実的に就職先がないことや、一度は東京などで刺激を受けたいということが主な理由でしょう。

地方の過疎化と高齢化は深刻な状況です。また、鉄道などのインフラが民営化した影響もあって、生活が不便になった側面もあるでしょう。自家用車があることが前提ですから、鉄道やバスがどんどん廃線してしまいました。

このままでは、地方で暮らすことがますます難しくなってしまいます。

しかし今、私の周りでは優秀な人ほど、IターンやUターンをして、地方の活性化に一役買っています。

もちろん、そういう人たちは自分がしたいことをしているのであって、活性化は結果論ですが……。

日本の田舎はまず自然が豊かです。福島へ移住した友人は「庭先に野菜の種を植えると、肥料もあげてないのに、勝手に育つ」と言っています。また、そういう地方では貨幣経済を超えるシステムがあります。

それは、物々交換です。

それぞれ、余ったものがあると、どっさり交換するそうです。友人はもらった野菜でたくさん料理を作り、その一部でお返しをすると言っていました。

また、モノの交換だけではありません。木を切ったり、畑を耕したり、何かを修理したり……。それぞれ自分ができることを持ち寄って、助け合いながら生きているのです。

現在、日本のGDPは540兆円ほどですが、このような実態をプラスすると、数字以上に経済は動いているのです。

ボランティアの活動もそうです。ＧＤＰにはカウントされませんが、立派な生産活動になっています。

このように「物質的な豊かさより、精神的にゆとりのある生活をしたい」と希望する若者が増えてきました。また、今はインターネットも発達しているので、地方にいても情報弱者にはなりません。インターネット上で仕事もできるのです。

これからの数十年間で日本のみならず、世界で経済の仕組みが変わってくると思います。それに伴い、貨幣システムや政治システム、行政システムも変わっていくでしょう。いずれにしても、現在の延長線上に未来の仕組みはないのです。

そうした新しい社会になっていく中で、自分がどこに住むのかは、自分の生き方を表すかもしれません。自分が何を大切にするかを基準に住む場所を決めればいいと思います。

その中で、両親と一緒に住むというのも一つの選択ですが、将来の介護を前提として、戻らなければならないというような義務感はいらないでしょう。

私自身は神奈川で生まれ、東京の町田市で大きくなり、大学は金沢でした。そして、社会人になってからは京都、滋賀や大阪を始め、さまざまなところに転勤で移動しました。ですから、どこか一か所が故郷という感じではないのですが、現在は東京に住んでいます。

私は任期満了退官して、5年目に入るところですが、いまのところまだ都内を基点として仕事をするつもりです。年に数回、山へ散歩に行ければそれで満足なので、山の近くに住む予定はありません。しかし、将来のことはわかりません。あまり、先のことを考える習慣がないからです。

ご質問者さまはまだ大学生です。東京で仕事をしたいというなら、大いに結構でしょう。また、親御さんのことを考えていることは親孝行です。しかし、「○○しなければならない」と固く考える必要はありません。

これからダイナミックに変わっていく世の中を自由自在に泳げる知恵をつけてください。あなたの田舎があなたにとって、最先端の場所になるかもしれません。

現在の延長線上に未来はないので、柔軟に対応する

46

Society

神思考

日本は少子化で、経済が縮小しているような気がします。再び、日本の経済が発展していくことはあるのでしょうか？

経済は規模ではなく質です。世界中の人があこがれる日本にしていきましょう。

日本は1998年からデフレ経済になって、20年以上過ぎました。8年前に第二次安倍晋三政権が誕生し、「アベノミクス」という経済政策を進めました。

そして、安倍首相は「デフレではない状態になった」と詭弁《きべん》を弄《ろう》していますが、実態は違います。

ご質問者さまが心配されているように、まだまだデフレで経済は伸びていません。輸出が伸びれば、見かけ上のGDPは伸びますが、肝心の国民の実質賃金が下がり続けているのです。これでは、不安になるのも仕方ないように思います。

しかし、デフレになった原因は少子化ではありません。人口が減ればそれだけ消費も減るので、それも一つの要因かもしれませんが、それが主な理由ではないのです。最も大きな影響は、経済のグローバル化と価格至上主義だと思います。

グローバル化については「44」で既に述べました。ヒト・モノ・カネが国境を越えて移動すれば、それだけ競争は激しくなるのです。日本人の賃金が上がらないのも、外国人労働者と仕事を分かち合っているからです。

ご質問者さまの「再び、日本経済の発展が発展していきますか」という問いに対する答えは、ノーでありイエスでもあります。

つまり、今までと同じGDPを追いかけるのならばノーですが、規模ではなく質を追い求めるのならばイエスになるのです。

たとえば日本でしか作れないものはたくさんあります。それを高く売るのなら、経済は発展しますが、日本人はそれが苦手です。

もちろん、高く売ってもいいのですが、それよりも「○○カ月待ち」というところに価値を感じる人も多いのです。

ですから、これからはモノ作りでもサービス業でも、とことん質を追求して、唯《ゆい》一無二《いつむに》のものを提供できるようにするのです。今はインターネット上で紹介することもできるので、顧客は世界中にいます。

売上に苦戦していた日本酒の蔵元が、ネットで商品を紹介したら、海外から注文がたくさん来たというような事例はたくさんあります。

日本には価値のあるものがたくさんあるのです。日本人にとっては当たり前すぎて、それに気づいていないだけかもしれません。たとえば、四季折々の風景、新鮮な食べ物、そして親切な日本人。

日本に長く住んでいる韓国から帰化された呉善花《オ・ソンファ》さんは、「日本人自体が観光の対象です」とおっしゃっていました。治安の良さや、きれいな街並み、住み心地の良さにリラックスしている外国人は多いのです。

2019年のラグビー・ワールドカップでは日本選手を真似て、お辞儀をする国もありました。また、サポーターがスタジアムを掃除する話は有名ですが、実は選手もロッカールームをきれいにするのだとか……。すると、他国の選手もロッカールームを掃除するようになったりするのです。

私はこれが日本の強みだと思うのです。良いエネルギーを世界に伝播《でんぱ》させていく役割が日本にあるように思えてなりません。

1979年に米国人が『ジャパン・アズ・ナンバーワン』(エズラ・ヴォーゲル著)という本を出版しました。高度経済成長を遂げた日本の分析です。

この本は多くの日本人に自信を持たせましたが、今は遠い昔話のようです。しかし、私たちは再び、さまざまな分野でナンバーワンとして範を示していけるのです。GDPだけが指針ではないのです。

私たち日本人一人ひとりは何ができるでしょう。難しいことは必要ありません。道に落ちているゴミを一つ拾うだけでもいいのです。あなたが機嫌良く過ごし、良いエネルギーを出していけばいいのです。

世界中の人があこがれるような日本を作っていきましょう。

日本には良いエネルギーを世界に伝播させていく役割がある

47

神思考

Society

韓国との関係が戦後最悪になっていますが、このままでいいのでしょうか？

何も心配いりません。疎遠になっていきます。

2019年8月、日本政府は輸出管理で優遇対象となるホワイト国から韓国を排除しました。その措置に韓国人は激しく反応し、日本旅行を控えたり、日本製品の不買運動をしたりしました。

韓国政府は対抗措置として、GSOMIA（軍事情報包括保護協定）の破棄をちらつかせました。しかし、そこまでは実行できませんでした。

一方、日本政府も日本国民も今回の件については、意外に冷静に対応できたと思います。それだけ、韓国に呆れてしまったのでしょう。

日本人は全ての国と仲良くしなければいけないと、小学生のような道徳心を持っています。

しかし、世界を見れば、隣国との対立は日常茶飯事です。むしろ、隣国だからこそ、さまざまな利害関係が対立してしまうのではないでしょうか。

そのときに、戦争こそしないけれど、適度な距離感で付き合うというのが外交なのです。

ご質問者さまは韓国との関係がこのままでいいのかと心配されていますが、このまま距離をとった付き合い方のほうがお互いのためだと思います。

それこそ、朝鮮半島とは1500年以上の付き合いがあり、その中で日本は何度も嫌な思いをしてきました。そして、距離を置くと、関係は落ち着き、近づくとトラブルが起こるのです。

562年、朝鮮半島にあった任那《みまな》が新羅《しらぎ》に滅ぼされたとき、第29代欽明《きんめい》天皇は次のようにおっしゃいました。

「新羅は卑《いや》しい国で、天に逆らい無道である。我が恩義に背き、我が官家を破り、民を殺し、国を滅ぼした」

古代の天皇も朝鮮半島との外交にご苦労されたのです。

また、1910年から約35年続いた日韓併合でも、日本は大変な苦労をしました。

ロシアの南下を恐れた日本は莫大な予算を半島に投入。道路や鉄道などのインフラを整備、教育や医療体制を確立し、朝鮮半島の人口は約2倍に増えました。

しかし、韓国は植民地被害を受けたと日本を非難し続けます。そして、いわゆる従軍慰安婦や徴用工の問題を作り上げ、日本からの賠償を求め続けます。

これらはまず、事実認識が間違っています。慰安婦にしても徴用工にしても、奴隷のように無給で働かされたわけではありません。

そして、賠償する必要もないのに、1965年に日韓基本条約を締結する際に、総額8億ドルもの資金援助をしました。

ところが、ゴールポストはいつも動いてしまい、何度「これが最後」と聞いたかわかりません。日本はそのたびに「これが最後」と思って、韓国に謝っておカネを払ってきたのです。

しかし、ここで注意しなければいけないのは、決して怒りを持って対応してはいけないということです。

怒りは相手の土俵に乗ることです。自分のエネルギーが相手のそれに同調してしまいます。ここは冷静に対応するだけで、十分なのです。

韓国が「GSOMIAを破棄したい」と言えば「ああ、そうですか」と受け入れ、「日本製品の不買運動をする」と言えば「仕方ないですね」とやり過ごす。こうして、距離が開いていくのです。

今まさに朝鮮半島との関係性が変わるときです。ロシアや北朝鮮の脅威が38度線から対馬まで南下して危険だという人もいますが、それはそれで、結構でしょう。

どのみち、反日教育をしている国とは手を結べません。

日本と正反対の国ができるようにして試練を与えたのは天の配剤です。天からの宿題にこたえるためにも、冷静な対応が必要です。

怒りは自分を相手の土俵に乗せ、同調してしまう

48

Society

香港のデモはいつ収まるのでしょうか？
これ以上長引いたら、日本への影響はありますか？

中国共産党政府が倒れるまで続きそうですが、もしそうなったら、多くの難民が日本に来るかもしれません。

神思考

２０１９年６月、香港では「逃亡犯条例改正案」に反対するデモに端を発し、反政府デモとして勢力を拡大してきました。多いときは１００万人〜２００万人も集まっているようです。その５年前、香港では「雨傘運動」というデモが起こりました。香港の民主化を求めるデモだったのですが、約３カ月で警察により強制排除させられました。

しかし、今回のデモは世界から注目され、香港警察も大胆な武力行使ができないため、長引いているのでしょう。また、ＳＮＳの発達により、リーダーなしでデモ隊を動員したり、当局から暴力を受ければすぐ動画をネットで拡散したりして、前回の失敗を生かしているようです。

また、デモが長引いている理由はこれだけではありません。西洋社会を始めとする各国の応援があるのです。世界は中国共産党がこれ以上勢力を伸ばすことに反対なのです。

今、世界の流れはグローバル化だと先述しましたが、中国共産党政府もその流れに乗って、マネーと武力で世界中に勢力を伸ばそうとしています。

その動きに対して、国際銀行家たちは、中華人民共和国に邪魔されたくないと思っているのです。

反グローバルのトランプ大統領やプーチン大統領も同様の考えです。ですから、こと中華人民共和国に関してはグローバル派も反グローバル派も意見が一致しているのです。つまり、これ以上の中華人民共和国支配の拡大を許したくないのです。

その証拠に2019年の11月に米国で「香港人権・民主主義法」が成立しました。香港の「一国二制度」が機能しているか検証する法案です。

普段は共和党と民主党は何かにつけて対立しています。まるで、日本の自民党と野党のようです。しかし、この法案に関しては一人を除き、全員が賛成したのです。

イギリスも中華人民共和国の世界支配が面白くありません。また、1997年6月までの100年間、香港はイギリス領だったのです。返還のときの「一国二制度」が守られないのなら、イギリスも黙ってはいられません。中華人民共和国にいるウイグル人の人権問題にも言及しはじめました。

これに対して、中華人民共和国は「内政干渉だ」と猛反発。米中経済戦争のみならず、香港問題も起こり、今、中華人民共和国の最高指導者である習近平《しゅうきんぺい》氏は厳しい状況に置かれているといえるでしょう。ですから、中国共産党が一党独裁をやめるまで、この香港デモは一つの象徴として、続くと思います。

ちなみに、私は「中国共産党」政権のチベット・東トルキスタン・内モンゴルの力による併合を正当化する「中国」(自国とその周辺の諸地域からなる多民族国家)という呼称は用いず、彼らの「国家」を指す場合は、正式名称の「中華人民共和国」を用いています。

ご質問者さまの心配はもう一つ、日本に対する影響です。

中国共産党が倒れたら、約14億人の人が右往左往するのです。その何割かは海外へ移動するでしょう。シリア人が難民としてEUへ渡ったのと同じように、日本にも中国人難民が大量に押し寄せてくるかもしれません。人道支援だといって、受け入れた結果がどうなるかは、既にさまざまな国で実証済みです。

ここは毅然《きぜん》と水際《みずぎわ》で止めるしかないと思っています。政府がその対応をするかどうかは、ひとえに国民の集合意識に関わってきます。

基本的に、人間はこの世に生まれ来るときに親、場所を決めて生まれてきます。自分が選んで生まれた国の調子が悪くなったからといって、逃げてしまうのは、魂の学びから言っても良くありません。

私たちも仮に日本が大変になった場合でも、そこから逃げるのではなく、どうやって日本を支えるのかを考えたいものです。

宇宙から見れば地球に国境はありませんが、私たちの意識の進化には今はまだ国境が必要です。その国での役割を全うしていきましょう。

日本を支えていくために意識の進化には今はまだ国境が欠かせない

49

Society

神思考

米中貿易戦争が始まり、日本も巻き込まれないか心配です。これからの世界情勢はどのようになっていくのでしょうか？

米中貿易戦争の影響はありますが、中国共産党と心中しないように、世界の流れを見るべきです。

２０１７年にアメリカ大統領に就任したトランプ氏は選挙期間中から「アメリカ・ファースト」を基本方針として掲げてきました。

文字通り、アメリカ第一主義ですが、本来、どの国もそれは当たり前の方針だったはずです。それを大国のアメリカさえ、わざわざ言わなければいけないほど、国境がないがしろにされているのです。

メキシコとの国境からは不法移民が侵入し、価格の安い中国製の商品によって、アメリカの工場が閉鎖されました。ヒト・モノ・カネが自由に移動するグローバル化によって、アメリカは疲弊していたのです。

グローバル化の行き着く先は、１％の富める者と99％の搾取される者とに分かれる二極化です。それを古き良きアメリカに戻そうとしたのがトランプ氏だったのです。しかし、既存のメディアはいわゆる支配階級ですから、トランプ氏を総攻撃します。そこで、彼はツイッターを使い、国民に直接呼びかけたのです。

実は日本のメディアもいわゆるグローバル派から情報をもらっていますから、ずっとヒラリー候補が優勢と書き続けました。私たちは米国民のように、既存のメディアに頼らず、しっかりと国益を守る人を選ばなければなりません。

そして、トランプ氏は大統領になり、その公約を守る延長線上に、中華人民共和国との貿易問題の解消があるのです。いわゆる「アメリカ・ファースト」を実行するために、中華人民共和国製の関税を引き上げました。

もちろん、今の経済は複雑に絡み合っていますから、そうした対応をとれば、返り血を浴びることもあるでしょう。単純に保護貿易をすれば、自国を利するという仕組みではないからです。しかし、アメリカは今のところ、順調に経済を回復させています。

中華人民共和国との貿易戦争は、鉄鋼やアルミ製品に高額の関税をかけることから始まります。しかし、日本も巻き込まれ、同様の措置が取られました。アメリカからみると、貿易赤字が大きい国は中華人民共和国、メキシコ、日本なのです。

さらに中華人民共和国に対しては、知的財産権の侵害に対し、制裁措置を発動することを決めました。制裁の規模は、6兆円にのぼる見通しです。

中華人民共和国に対して、厳しい対応をするのは、もちろん貿易赤字解消だけが目的ではありません。チャイナマネーで世界の支配をもくろんでいることに、ストップをかけたいのです。2018年の暮れに、中国通信大手・ファーウェイの副会長を逮捕したのもその流れです。そして、外堀を埋めて、中華人民共和国を経済面から追い込んでいくでしょう。

香港デモの背景は先述しましたが、西洋社会はいよいよ中国共産党の支配を終わらせようとしているのです。

その世界の流れの蚊帳《かや》の外にいるのが日本ではないでしょうか。

日本のテレビや新聞は世界のこの流れを伝えていません。国民は知りませんので、その対策も見当違いです。

2020年春、安倍首相は中国共産党のトップ・習近平氏を国賓《こくひん》で迎えようとしています。この判断は世界の流れからは逆行しています。倒れそうな嫌われ役に助け船を出すようなものです。

しかも、国賓ということは天皇陛下にお会いいただくのです。

与野党一致で人権法を成立させた米国や、自由と民主を求めてデモ活動している香港の若者は日本の対応をどう思うでしょう。実はこのように助け船を出したのは過去にもあります。

1989年の天安門《てんあんもん》事件で、中華人民共和国は世界中から制裁を受けていました。それにもかかわらず3年後、当時首相だった宮澤喜一《みやざわきいち》氏は天皇陛下を訪中させてしまったのです。これにより、民主化していない中華人民共和国が再び国際社会に認められてしまいました。

日本は中国共産党と心中するつもりがないのなら、国際社会の流れを深く洞察し、協調していったほうがいいと思います。

既存のメディアに頼らず、国内外の情勢を深く洞察する

50
Society

新しい天皇陛下が即位して、令和になりました。日本のエネルギーが変わったという人がいますが本当ですか？

神思考

令和になったことを国民が喜び、一人ひとりが良い日本を作っていくという意識を持てば、確実に変わっていくでしょう。

2019年の5月、先帝陛下がご譲位され、第126代天皇陛下がご即位されました。日本中でカウントダウンがされ、お祭りムードで新しい時代が迎えられました。

昭和から平成になったときは、喪に服す中で時代が変わりましたので、昨年のような雰囲気はありませんでした。そういった意味で、上皇陛下のご英断は日本国民の意識を大きく変えたのです。

言うまでもなく、日本は現存する国の中で世界最古の国です。初代神武《じんむ》天皇から2680年続いています。

しかし、日本人の子供は日本の建国の物語を知りません。どこの国の人でも、自分の国は「いつ誰が作ったのか」を知っています。

もちろん、日本も戦中まではその教育をしていました。残念ながら、戦争に負けて、教科書が書き替えられたのです。

自分の国の成り立ちを知らないということは、自分の国に誇りを持てないということです。それでは自分自身にも誇りを持てなくなるでしょう。

古事記では、アメノミナカヌシという宇宙創成の神様から始まっています。そこから数代あとにイザナギ・イザナミがあらわれます。男性神のイザナギから生まれたのがアマテラス。その孫のニニギノミコトが地上に降り立ちます。

これがいわゆる天孫降臨《てんそんこうりん》。そのひ孫が紀元前660年に即位された神武天皇なのです。

そこから、現在の天皇陛下まで男系でつないでいるのです。つまり、父親をたどると神武天皇につながるのです。

学者によっては、古事記は神話なので、神武天皇はいなかったという人もいますが、では誰が初代なのでしょうか？　初代がいらっしゃるから、126代まで続いているのです。

天皇陛下は祈る人です。国民の幸せ、日本の繁栄、世界の平和を祈ってくださるのです。西洋でいえば、イエス・キリストの子孫が2000年後も生き残っていて、国のトップとして祈りを捧げているのと同じです。

日本は「天皇のシラス国」と言われています。天皇陛下が神様の心を知り、国民の心を知り、良い世の中を作るために自らが範を示され、祈られているのです。これが日本の国柄です。

そのような国柄に世界中の人があこがれを持つのです。まずは日本人が日本の国柄を知ることが大切です。「シラス国」の特徴は大調和です。

今年は令和も二年目。そして、オリンピック・パラリンピックが開催される年でもあります。

世界中から色々な人がいらっしゃいます。日本の大調和を肌で感じていただき、それを母国に持ち帰っていただきましょう。

皆の集合意識が国のエネルギーを作ります。ありがたい天皇陛下の祈りをお支えするのが私たちの役割です。

難しいことをする必要はありません。

「和をもって、尊《とうと》しとなす。上下の壁を作らず、協調し仲良くする」というのは聖徳太子が作った十七条の憲法です。

そして、「神仏を尊《たっと》びましょう」「何ごとも真心をもって当たりましょう」「怒りや執着を捨てましょう」と続きます。

１４００年以上前の心構えを今も実践するのみです。

令和は新しいエネルギーになったともいえますが、日本らしさを取り戻す、温故知新のエネルギーともいえます。

皆で、新しい時代を作っていきましょう。

一人ひとりが大調和を実践していきましょう

おわりに

この本は前作『あらゆるストレスが消えていく50の神習慣』の読者の方からのご質問に答える形で書き進めました。ただし、後半の時事問題については、私が主催する「こころ塾」での質問です。塾では日本の歴史について、お話しさせていただいています。「なぜ、医者だった人が歴史を教えるのですか？」と何回も聞かれますが、そのときにはこうお答えしています。

「私は医者である前に、日本人です」と。

昔の日本人でしたら当然持っていた死生観や矜持《きょうじ》が、戦後、失われました。どうしてこうなってしまったのか……。それは歴史を歪《ゆが》められたことが一因です。そして、その延長線上に今日の複雑な時事問題があるのです。

また、本文でも述べましたが、大手メディアの情報はいわゆるグローバル派からの意図があります。つまり、偏《かたよ》っているのです。これからは、ネットから情報を取捨選択していくほうがいいでしょう。

しかし、難しく考える必要はありません。もちろん、歴史を知ったり、知識を増やしたりすることも自分の器を広げることになりますが、それより大切なのは個々人の感性なのです。

その情報が正しいのか間違っているのか、あなたの直観を使ってほしいのです。

今回、私も50の回答をしましたが、これは私の回答です。あなたの回答は違うかもしれません。それでいいと思います。

私の回答をあなたの直観で、取捨選択してください。無責任に聞こえるかもしれませんが、**自分の答えは自分の中にしかないのです。**

私の回答がしっくりくれば受け入れてくだされればいいですし、違和感があるなら、鵜呑《うの》みにしないで、一度脇に置いてください。そして、ゆっくり自分の答えを見つけていけばいいのです。

一人ひとりの直観は大いなる源に通じていると思います。ですから、最終的には「一つ」となっていくでしょう。しかし一人ひとりの個性もまた大切です。自分を信頼して、自分の答えを見つけていくきっかけになれば幸いです。

令和2年3月吉日　**東京大学名誉教授　矢作直樹**

矢作直樹（やはぎ なおき）
東京大学名誉教授／医学博士

1956年、神奈川県生まれ。1981年、金沢大学医学部卒業。その後、麻酔科を皮切りに救急・集中治療、内科、手術部などを経験。1999年、東京大学大学院新領域創成科学研究科環境学専攻および同大学工学部精密機械工学科教授。2001年、東京大学大学院医学系研究科救急医学分野教授および同大学医学部附属病院救急部・集中治療部部長。2016年3月に任期満了退任。著書に『人は死なない』（バジリコ）、『天皇』（扶桑社）、『おかげさまで生きる』（幻冬舎）、『自分を休ませる練習』（文響社）、『“人生の災害”に負けない　マインドレスキュー』（山と溪谷社）、『安心して、死ぬために』（扶桑社）など。
公式ウェブサイト http://yahaginaoki.jp/（「矢作直樹」で検索）

「死」が怖くなくなる50の神思考

著者　矢作直樹

令和２年３月30日　初版発行

装丁　森田直／積田野麦（FROG KING STUDIO）
校正　玄冬書林
編集協力　赤尾由美
編集　岩尾雅彦（ワニブックス）

発行者　横内正昭
編集人　青柳有紀
発行所　株式会社ワニブックス
〒150-8482
東京都渋谷区恵比寿4-4-9えびす大黒ビル
電話　03-5449-2711（代表）　03-5449-2716（編集部）
ワニブックスHP　http://www.wani.co.jp/
WANI BOOKOUT　http://www.wanibookout.com/
ワニブックスNewsCrunch　https://wanibooks-newscrunch.com/

印刷所　凸版印刷株式会社
DTP　株式会社 三協美術
製本所　ナショナル製本

定価はカバーに表示してあります。
落丁本・乱丁本は小社管理部宛にお送りください。送料は小社負担にてお取替えいたします。ただし、古書店等で購入したものに関してはお取替えできません。

ISBN 978-4-8470-9899-4